本书为全国教育科学规划教育部重点项目
"网络游戏依赖儿童的社会能量变化与教育应对研究"
（DHA210335）的阶段性成果

Information
Communication Technology
and Social Energy

信息传播技术与
社会能量

高崇 著

天津出版传媒集团

天津人民出版社

图书在版编目（CIP）数据

信息传播技术与社会能量 / 高崇著. -- 天津 ： 天津人民出版社，2022.12

ISBN 978-7-201-18988-8

Ⅰ. ①信… Ⅱ. ①高… Ⅲ. ①传播媒介－研究 Ⅳ. ①G206.2

中国版本图书馆 CIP 数据核字(2022)第 213004 号

信息传播技术与社会能量
XINXI CHUANBO JISHU YU SHEHUI NENGLIANG

出　　版	天津人民出版社
出 版 人	刘　庆
地　　址	天津市和平区西康路 35 号康岳大厦
邮政编码	300051
邮购电话	（022）23332469
电子信箱	reader@tjrmcbs.com

责任编辑	武建臣
装帧设计	汤　磊

印　　刷	天津新华印务有限公司
经　　销	新华书店
开　　本	710 毫米×1000 毫米　1/16
印　　张	16.25
插　　页	2
字　　数	220 千字
版次印次	2022 年 12 月第 1 版　2022 年 12 月第 1 次印刷
定　　价	79.00 元

自　序

为什么要研究社会能量

美国社会学家米尔斯在谈到研究主题的选择时曾经指出,"或许运用社会学的想象力所作的最有成果的区分是'环境中的个人困扰'和'社会结构中的公众议题'"①,米尔斯指出"个人困扰"和"公众议题"是为研究主题的选择来源。与此相似,本书的主题既来自笔者作为社会行动者在社会生活中曾经和正在面临的生活困扰,又来自笔者在社会关系中时时感受到能量的吸收、增强、消耗、宣泄、活化、交换、转化、管理等能量的变化,这种困扰以及所感受到的能量变化直接促使笔者对社会能量现象进行反思。

同时,本书的主题也是来自米尔斯所谓的"社会结构中的公众议题",既存的一些社会问题需要我们更新研究的视角,社会能量便是一个可供选择的视角。例如,丧文化、佛系青年、低欲望社会等概念,如果从能量的视角观之,这其实是能量不足的表现;再如,"一带一路""走出去"等倡议,这些又都是能量充盈的表现;此外,我们在各种类型的媒体上,经常看到关于"正能

---

① ［美］C. 赖特・米尔斯:《社会学的想像力》,陈强、张永强译,生活・读书・新知三联书店,2001 年,第 6~7 页。

量""负能量"概念的使用,这其实是使用能量概念的一种素朴视角,但是尚缺乏有意识的提炼和反思。尤其是在信息传播技术的影响下,社会能量出现新的变化,在当下数字社会,尤应引起研究者的重视。本书便是在此方面所做的尝试性工作。

因此,无论是作为社会行动者的研究者生活体验,还是社会公共生活的公共议题,都向研究者提出了能量,尤其是"社会能量"的研究议题,召唤研究者做出梳理、归纳、分析以及理论阐述等。可以说,正是基于"社会学的想象力",研究者将"能量"作为一个新的社会解释框架,在阐释"社会能量"概念,厘清社会能量类别和特征的基础上,进而以此为框架探讨信息传播技术对各社会场域中社会能量的影响。

此外,中国社会所发生的变化也需要有中国"土"味的理论概念来解释。正如前述,中国话语体系中也经常出现"能量""正能量""负能量"等话语,本书便是对能量进行社会学研究的尝试,探讨"能量"的社会性以及信息传播技术给各社会场域中社会能量所带来的变化,并且尝试着去以此解读当下的社会现象,以提供不同的视角。对"能量"进行的社会学研究,可以丰富社会学的研究内容。将能量纳入社会学的研究领域,需要用新的理解去分析和解释与之相关的议题。

另外,社会学理论的非理性转向也影响了笔者对本主题的选择。在各种社会思潮的影响下,社会学转向对身体、情感、文化、后现代、空间等主题的梳理与探讨。有研究者将"能量"作为一种文化现象进行探讨,正如德国学者纽宁所言:

"精神"能量这一概念并不常见,因为物理学长期垄断了能量概念。太阳作为一级能量源泉不仅为繁盛的自然界提供了物理同向性,也提供了文化生活的精神同向性。不过,仅仅从物理学角度来解释精神力量是远远不够的。物理学只是第一种能量源泉，其后在精神领域中形成的能量形式并非来自于物理学领域。许多人认为，能量绝非仅仅是自然科学的一个主题，也是文化学的概念，只是因为研究能量主题的困难度较大，文化学长期以来一直抑制了这方面的探索。①

能量并非只是自然科学的一个主题，同时也应该是社会学、文化学的概念，正如后述，社会能量既有物质态，同时也有符号态。本书便是对能量进行社会学探索这一尝试的继续。本书运用能量/社会能量作为分析框架，从社会能量的吸收、分布、增强、传递、活化、宣泄、消耗、消逝、交换、转化及管理等整个能量生命周期出发，涉及沟通、社会运动、发展、创新、暴力、交往、新闻、依赖、死亡、交换、劳动等领域中的能量现象，触及社会传播、非正式群体、网络交往、社会形象、群体文化等主题。尤其是重点探讨信息传播技术介入背景下，上述这些领域中社会能量变化的现象。本书尝试建构新的理论分析框架，对已有的知识进行梳理整合，并以新的能量视角进行不同的解读，以提供不同的分析视野。

在媒体的报道中，我们越来越多地看到有关"能量"的字眼，类似"新动能""激活能量""正能量负能量""生机""活力"等词，这是一种社会能量。在新冠肺炎疫情流行的时期，社会进入转型期，我们更需要用能量的视角，去吸收能量，激活能量，促成能量的转化，传递能量等，因此社会能量的视角在当下更具现实意义。

笔者是新闻学专业出身，在其后的学习和工作中，又一直与新闻传播的领域相关，所以在本书中，笔者以剖析新闻案例的研究方式，对社会能量现

---

① ［德］安斯加·纽宁、维拉·纽宁主编：《文化学研究导论：理论基础·方法思路·研究视角》，闵志荣译，南京大学出版社，2018 年，第 388 页。

象进行了质性地梳理和探讨，提出了将"社会能量"作为观察、理解、解释社会的一个框架。透过"能量"框架，我们发现许多社会现象中都富含"能量"的意涵。同时，笔者在书中有关章节使用了学生对相关主题的分享与自述报告，这些来自学生自我生活的叙事，丰富了书中相关主题的内容。

对社会能量的研究，或者说对能量的社会学研究，其实也是笔者对日常语言学术化，学术本土化的一种粗浅尝试。当然，笔者深知，囿于自身视野及能力所限，定有学有不逮，这种探讨还是初步性的，需要进一步深入下去，但正如美国社会学者乔尔·查农所言："社会学（及其他科学）中并不存在终极真理；它是一场在科学家中进行的持续不断的辩论，通过出书、发表文章提出他们的观点和证据，等待被他人接受或否定。"①因此，笔者权当此为抛砖之作，期待方家指正。如能使其他研究者略有启发，则倍感欣慰。

在研究中，笔者得到了首都师范大学儿童游戏实验室同人的大力支持；天津人民出版社的武建臣编辑在本书的编辑出版中做了大量的工作，在此向他们谨表谢意。

高崇

2022 年 4 月 24 日

于京西定慧寺

---

① ［美］乔尔·查农:《社会学与十个大问题》,汪丽华译,北京大学出版社,2009 年,第 12 页。

前　言

社会能量：能量如何能够成为一个
新的社会解释框架

"能量"一词虽常用于物理等自然学科中，但能量确是社会中常见的社会现象。例如，形容一个人有精神，我们会用神采奕奕、生龙活虎、龙马精神、精神焕发、炯炯有神、神采飞扬、满面红光、孔武有力等词语，这些词语实际上是在指人的生理和心理能量充沛；此外，我们还经常用"能量巨大"来形容一个人很会办事、能够办成事。这其实指的是能量的社会向度之一，即人的社会关系能量。

为了进一步说明这一点，让我们先来看四则新闻报道：一是美国白人警察因违规执法从而导致一名黑人死亡，进而引发多个城市骚乱的新闻；二是有关脱贫攻坚的报道；三是有关各地重开地摊经济的报道；四是有关世界各地因疫情死亡人数的报道。这些看似不相干的事情，其实都跟社会能量相关：美国爆发抗议骚乱，这是社会能量的宣泄；扶贫攻坚是能量的传递与吸收；而"地摊经济""小店经济"的重启，则意味着社会能量的激活；新冠肺炎疫情的暴发，世界各地相继出现人们因感染病毒而病故的现象，这是生理能量的消逝。由此，我们可以看到，能量是观察和解释社会的一个可用视角。

无论是从我们所使用的日常语言中，还是从新闻报道所反映的社会新闻事实中，我们都能发现包括物理能量、生理能量、心理能量、社会关系能量等的存在，这也说明本研究的主题并非无中生有，而是来自社会现象本身，因此从理论上对"能量"进行梳理和分析，建构起一个解释社会的新的框架，便显得非常有必要了。通过对能量现象进行梳理和理论阐释，可以更好地指导实践。

正是基于此，笔者提出了将"能量"作为一种新的社会解释框架，或者更具体点说，是"社会能量"作为一个新的社会解释框架。在此，笔者主要思考和回答两个问题，即研究社会能量为什么可行？怎么研究社会能量？

一、研究社会能量为什么可行？

其一，相关学科对能量的研究为社会能量的研究奠定了基础。物理学对物理能量进行了分析和研究，提出能量守恒定律等；生理学对人体能量进行了研究；心理学对心理能量现象进行了探讨；文化学则对符号能量进行了研究。这些研究涉及能量概念的界定、能量的特征、能量的类别等，这些成果都为社会能量的研究做了准备和铺垫。因此，对社会能量的研究并不是凭空而生的，学科之间的互鉴有助于开展对社会能量的研究。当然，我们在后面会进一步说明，社会能量不同于物理学等学科中的能量概念，这需要从社会学角度对能量进行分析。

其二，社会能量在社会中普遍存在，这为社会能量的研究提供了实践基础。正如上述所言，社会中发生了很多关于能量的事件，在社会中有许多场合使用"能量"一词，这些都是笔者对"能量"尤其是"社会能量"进行思考和探索的实践基础。以贫困现象为例。贫困往往被认为是经济贫困、精神贫困等，如果从能量的视角观之，贫困可以被视为社会行动者社会能量的缺乏。有时包括社会生理能量的缺乏,有时则是社会心理能量的缺乏,有时则是贫困者社会物理能量的缺乏,有的则兼而有之。以能量的视角去解释贫困等相关社会现象或社会问题,需要从能量的社会性入手,深入挖掘能量生命周期等方面存在的问题。总之,能量的视角给我们提供了一种新的解释框架,一种相对综合的解释框架,从而避免在探讨贫困问题时,仅仅将其视为经济问题或者精神问题等。

再比如说,关于上瘾等社会问题,如果从能量的视角观之,我们可以将其视为是某种能量的消耗。因为在使用者过度使用某种媒介、技术或内容时,本质上是能量的非自然的消耗,这种消耗自然会影响到社会行动者自身的能量平衡,因此会给社会行动者带来身体、心理等问题。也就是说,我们强调从社会的视角去反思上瘾这种能量消耗现象的原因,有助于我们更深刻地把握和理解包括技术、游戏等多种上瘾类型在内的上瘾/依赖现象。

二、怎么研究社会能量?

如前所述,"能量"无论是在政府工作报告,还是媒体相关报道中,都已经成为常用词。本书尝试从语义分析入手,对"能量"尤其是"社会能量"进行理论建构和分析,尝试以"能量/社会能量"为视角提出一种解释社会的新框架,尤其是结合信息传播技术(ICTs)的发展,探讨在这一背景下,信息传播技术对社会能量的影响。在本书中,笔者主要通过两种途径对社会能量,尤其是信息传播技术影响下的社会能量进行研究。

(一)建构"社会能量"的理论框架

笔者将会以一种相对较为综合的理论方法去分析和探讨能量,包括社会能量的含义、社会能量的特征、社会能量的类别等,并在此基础上建构起"社会能量"的理论框架。

在本书中,社会能量被分为物质态和符号态,其中,社会能量的符号态包括社会能量的能指、所指和意指。本书在建构"社会能量"的理论框架时借鉴、迁移、应用了吉登斯的结构化理论。虽然有的研究者认为吉登斯的结构化理论过于偏重意识,但是这一理论在综合结构和能动性方面,却给后续研究者提供了可供选择的思路。同时,布迪厄的场域理论,也被研究者纳入社会能量的理论视野和框架建构之中,因为无论是沟通、创新、发展,还是暴力、死亡、交换、劳动等社会领域,其实都可以将其视为某种场域,在这种场域中,能量受到来自社会文化的结构和制约。

当然,如果我们的探讨仅限于此,那么显然会被认为是陷入偏于结构的窠臼,正是意识到这一点,在吉登斯的结构化理论基础上,我们提出来自社会行动者的反思的能动性的作用。不过,我们仍然需要意识到,即便是此种社会行动者的反思的能动性,也仍然会受到来自社会文化等社会环境的影响。

通过结合现实案例的分析,以及来自自述者的自述报告,我们旨在阐述社会行动者在被各种能量结构的同时,经过批判地"反思性监控",能够通过对能量的物质性的应用,将能量转换为能"力"。例如,社会行动者经过反思的能动性的介入,其完全可以切断上瘾的链条,从而阻断导致能量的非正常消耗的恶性循环,从而有助于改善社会行动者的能量状态等。

如上所述,我们努力在书中尝试构建一种关于能量的新的理论框架,给我们观察和思考社会现象和社会问题提供了一种新的可供选择的理论工具。当然,我们必须要意识到,即便付出了某种努力,尝试做出某种知识上的贡献,这种尝试虽然有价值,但是也仅仅只是提供了某种参考。读者如果感兴趣,可以进一步参看"第一章",其中对"社会能量"的理论框架有着更为详细的分析和介绍。

（二）研究思路

综上所提及的各种不同的社会场域中，以"能量"尤其是"社会能量"为视角对社会现象进行分析和梳理，以社会能量的生命周期包括社会能量的吸收、释放、转化、管理为纬线，将能量/社会能量的视角贯穿社会学的诸多主题，尤其是聚焦信息传播技术影响下社会能量所发生的新的变化。这是本书的一个基本思路。

首先是"前言"部分。其次是"导论"，介绍"能量""社会能量"概念，同时对能量的特性，社会能量的形式，能量作为社会解释框架的理论基础，以及理论框架等作了阐述。第一章至第三章是"第一编　社会能量的吸收"，主要从能量的吸收层面，探讨社会能量的吸收与吸附、分布问题，以及社会能量的吸收与增强等。第四章至第七章是"第二编　社会能量的释放"，主要从社会能量的释放层面，探讨社会能量的活化、宣泄、社会能量的消耗以及社会能量的消逝等，涉及创新、暴力、依赖和死亡等主题，尤其是涉及在信息传播技术影响下新的信息传播技术（ICTs）现象，如网络暴力、AI 依赖和"社会性死亡"等。第八章和第九章为"第三编　社会能量的转化"，主要从社会能量的转化视角探讨礼物交换和劳动转化等主题，尤其是虚拟礼物交换和数字劳动中社会能量的交换和转化现象。"第四编　社会能量的管理"，这一部分就此一章，同时也作为全书的结语部分，主要从社会能量的管理层面，探讨社会能量的个体和他人管理等。

三、本研究的创新之处

一是发挥社会学的想象力，拓展了社会学的研究范畴。学者蒋影明曾倡研"能量社会学"，认为，对于社会能量、能量形态的定量测量与定性分析，将揭示社会结构和社会格局的特征和本质，将揭示动态的社会互动、社会关系、社会发展的特征与本质。① 笔者对此观点深表认同,对社会能量进行研究的确非常有理论价值和现实意义,但是较为遗憾的是,梳理相关"社会能量"的研究后发现,相关成果仍然相对比较欠缺,本书便是继续这一努力,试图拓展社会学的研究范畴。尤其应该引起注意的是,信息传播技术(ICTs)的发展,人工智能、机器人、物联网等新兴 ICT 叠加发展,不仅催生了技术与社会领域研究的紧迫性,同时,也给社会能量的研究提供了技术视角。本书不仅希望在社会能量研究上,而且希望在信息传播技术与社会能量这一技术与社会领域稍做贡献。

二是提出了一种新的社会能量观。回顾其他研究者对"社会能量"的研究后发现,学界对社会能量概念的认识多有差异和多元。本书结合物理学等其他学科对"能量"的界定,将社会能量视为社会行动者充分利用所拥有的资源去做事情的能力。在此基础上,本书提出能量的结构说,资源和能力是能量的一体两面。即能量既可以是作为资源的潜能,同时也可以是利用资源去做事情的能"力"。即我们探讨"能量",将不得不涉及"资源"和"能力"。由此,本书围绕"能量"概念,区分了能"源"、能量和能"力"三个既有联系又有区别的概念。需要注意的是,社会能量的主体可以是个人,也可以是群体或社会组织等。人与其做功的对象构成了一种能量体。这种社会能量观,围绕"能量",通过区分能"源"和能"力",使得"社会能量"成为可以测量和观察的社会事实,使得对其开展质性或定量的经验研究成为可能,超越了对能量/社会能量的哲学探讨,进入社会学领域中。

三是提供了一种新的社会解释框架。本书尝试着以社会能量的视角,去统合和解释当下的社会现象和社会问题,以能量生命周期为视角,从社会能量的吸收、分布、增强、传递、活化、宣泄、调节、消耗、消逝、交换、转化、管

---

① 蒋影明:《能量社会学:在元理论阵地的登陆》,《学海》,1996 年第 4 期。

理等层面,去梳理和观照相关的社会现象,并尝试着从社会能量的角度提出可能的解决路径。同时也指出了社会能量所涉及的能量生命周期层次背后的社会文化意涵,包括不同社会阶层、年龄、性别等层面与此相关的社会现象。例如,就社会能量的吸收而言,不同家庭出身的社会行动者从社会关系网络中获得的社会能量是有差异的。

四是探讨了在信息传播技术影响下社会不同场域下社会能量所出现的新的变化。信息传播技术,英文全称即 Information Communication Technology,有广义和狭义之分,狭义上往往特指数字信息传播技术,广义上则指所有能够处理或传播数据的技术形式。① 本书从广义上使用"信息传播技术"概念。因此在本书中,信息传播技术便是复数形式,即 ICTs。之前,信息技术和传播技术并列,现在随着技术发展,两者之间日益融合,逐渐以"信息传播技术"代称,例如,社会机器人既是一组信息技术的结晶,也可以用来通信,因此可以视为是当下的一组信息传播技术。当然,信息传播技术并不仅仅意味着科技,借鉴夏瓦对"媒介"的定义,即"媒介这一术语源自媒介与传播研究,即在时间、空间以及形态上扩展了传播的科技。媒介不仅是科技,也包括不同语境下组织和规范媒介的社会与美学形式。此外,由于不同类型的媒介具有不同特质,且它们在文化与社会中的使用及内容上均有差异,所以媒介并不是一个统一的现象"②。本书认为,"信息传播技术"指的是在时间、空间以及形态扩展了传播的新的科技,信息传播技术也并不是一个统一的现象,不仅意味着科技,也包括制度化的形态和平台,即不同语境下组织和规范媒介的社会与美学形式。

---

① Richard Heeks, *Information and Communication Technology for Development*, Routledge, 2017, p. 10.

② [丹麦]施蒂格·夏瓦:《文化与社会的媒介化》,刘君等译,复旦大学出版社,2018 年,第 23 页。

信息传播技术与社会能量

当下各种新兴信息传播技术的出现,以及对社会生活在广度和深度上的渗透,颠覆了传统的社会生活,给社会生活带来了革命性变化,社会能量在这种新的技术环境下,也出现了新的变化。如前所述,本书原创性地强调了在各种社会场域如沟通、社会运动、发展、创新、暴力、依赖、交往、新闻、交换、劳动等领域中的能量现象,波及能量生命周期的各个阶段,触及社会传播、非正式群体、网络交往、社会形象、群体文化等主题,尤其聚焦在信息传播技术介入背景下,这些社会场域中能量的变化。因此,本书将信息传播技术与社会能量概念相结合,也进一步丰富了技术尤其是信息传播技术与社会这一研究领域的研究内容,给我们思考信息传播技术的社会影响,提供了一个值得参考的路径。

本书将信息传播技术作为中介／工具、作为平台／环境,探讨社会能量所出现的新的变化。当然,我们仍要注意的是,要避免过于强调技术。要看到信息传播技术在影响社会能量的过程中,其他社会－文化因素的影响作用,避免可能出现的技术决定论思想。

目录
CONTENTS

导论 理解信息传播技术与社会能量

物质是运动的,世界充满能量,正如赫拉克利特所言:

> 这个世界,它过去、现在、未来永远是一团永恒的活火,在一定的分寸上燃烧,在一定的分寸上熄灭。①

赫拉克利特用"活火"的比喻,指出了世界的能量本质。由此也可以窥见,"能量"作为一个新的社会解释框架的**可能性**。

梳理新闻报道中有关"能量"一词的使用情况,新闻目前在四个层面使用"能量"一词。一是物理"能量",这是"能量"一词"energy"的本意。例如,新闻《内蒙古航天青年为农牧民送去"能量"》,讲的便是中国航天科工集团第六研究院的几位青年骨干,历时600多个日夜,针对内蒙古农牧区较为分散,供热管网无法覆盖,农牧民冬季烧煤取暖造成环境污染的问题,自主研

① 北京大学哲学系外国哲学史教研室编:《西方哲学原著选读》(上册),商务印书馆,2002年,第21页。

发的太阳能智能供暖系统。① 二是生理"能量"。例如,在资讯《腹泻为什么补充生理盐水?》中,文中提及腹泻时进食可以及时补充能量,否则患者可能会虚脱。② 三是心理"能量"。例如,在疫情和中高考双重影响下,考生需要充分休息以积累能量,防止出现焦虑情绪。③ 四是社会关系"能量",或者说将"能量"视为某种隐喻,在《牵手优秀文字作品涵养精神生活》一文中,李畅作为语文教师,谈到每当自己不堪忍受想要放弃时,就会被学生纯真的微笑和真心的挂念赋予新的能量,有了坚持下去的理由。④

由上可见,"能量"作为一个常用词,新闻报道在物理、生理、心理和社会关系等四个层面上直接使用"能量"一词。当然,除了直接使用"能量"一词外,媒体还常使用"活力"等相似概念以表达类似的含义,可以说,"能量"具备了作为一种社会解释框架的**现实性**。

因此,无论是从可能性还是从现实性上,"能量"都能够作为一种社会解释的框架。在本章,笔者主要就是做解释框架的搭建工作,试图就能量和社会能量的界定、社会能量的特性、社会能量的类型以及能量作为社会解释框架的理论框架进行社会能量的本体论探讨。但是我们需要小心的是,对一个近乎日常的词汇进行学术化,可能会面临的问题。这对研究者而言是个挑战。

---

① 石佳:《内蒙古航天青年为农牧民送去"能量"》,《中国青年报》,http://news.cyol.com/app/2020−06/01/content_18639829.htm。
② 尹茹:《腹泻为什么补充生理盐水?》,新华网,http://www.xinhuanet.com/science/2020−06/26/c_139163586.htm。
③ 佚名:《疫情备考双重压力,中高考考生该如何缓解焦虑》,《中国青年报》,http://news.cyol.com/app/2020−06/02/content_18641166.htm。
④ 龚蓉梅:《牵手优秀文字作品涵养精神生活》,《中国青年作家报》,http://qnzj.cyol.com/html/2020−06/02/nw.D110000qnzjb_20200602_1−14.htm。

一、如何界定和理解"能量"和"社会能量"

观察视角不同,人们对"能量"的理解也多会产生差异。正如上述,学界分别从物理、生理、心理以及社会关系层面使用"能量"一词,物理、生理、心理等学科分别从各自的学科视角提出了物理能量、生理能量、心理能量(Psychicenergy)概念,并进行了界定。通过研究梳理,笔者发现,人们虽然常在社会层面使用"能量"一词,关注能量的社会层面,但是很少明确地使用"社会能量"进行梳理和探讨。而这便给本书提供了发力点。

(一)对物理能量的界定和理解

已有多个学科对能量进行了研究,最广为人知的是物理学,认为能量是用来表示物理系统做功的本领,可以以不同形式存在并通过物理效应或化学反应而相互转化。① 这同时也成为人们对"能量"的科学理解的基础,正是在"物理能量"概念基础上,后来的研究者对生理能量、心理能量以及社会能量进行了界定、分析和探讨。

(二)对生理能量的界定和理解

除此之外,生物能量学(Bioenergetics)也对"能量"进行了研究,它是"研究与生命现象相伴的活体内能量的进出和转换的生物物理学的一个分支学科,即研究植物与植物之间、植物与动物之间、动物与动物之间能量转换的学科"②。这些能量主要来源于食物,是一种生理能量。关于能量代谢的研究,科学家证实能量守恒定律也适用于人体。③ 其中,人体能量被认为是一

---

① 孙真:《基于能量流动的建筑形式生成方法研究》,天津大学硕士研究生学位论文,2017 年。
② "生物能量学",百度百科,https://baike. baidu. com/item/% E7% 94% 9F% E7% 89% A9% E8% 83% BD% E9% 87% 8F% E5% AD% A6。
③ "人体能量",百度百科,https://baike. baidu. com/item/% E4% BA% BA% E4% BD% 93% E8% 83% BD% E9% 87% 8F。

切生命活动都需要的能量,这一观点奠定了能量的物质性,除此之外,我们还需要认识到能量与社会文化之间的关系,包括能量的整个生命周期都可以看到有关两者之间的有机关联。对此,后面会有详述,此处不再展开。

(三)对心理能量的界定和理解

学者杨桂华提到,弗洛伊德曾试图首先将能量概念应用于精神分析:

> 我们假定,精神生活中有某种能量在起作用,但是我们没有任何根据可以通过与其他形式的能量进行类比的方法来更好地了解它。我们似乎认识到神经的或精神的能量是以两种方式出现的,一种自由易变,另一种则相对受到束缚……我们走到这一步就没有再向前迈进。[①]

荣格在此基础上将心理能量解释为一种也遵循能量守恒定律的动力现象。认知学派将心理资源(Mental resource)等同于心理能量。[②] 上述两个定义,分别将能量与"动力"和"资源"建立关系,一个强调"力",一个强调"源",这也为研究者后续提出能"源"、能量和能"力"的关系提供了思路。可以说,其他学者在探讨界定"心理能量"时,也基本是要么强调"力"的一面,要么强调"源"的一面。心理能量体现为人类心理的一种动力,但又不仅仅是动力,就像物理学中的能量与动力的区别一样。

国内学者对心理能量的理解同样可以从资源和能"力"两个方面来归类。例如,朱建军认为"心理能量"表现为人生命的活力。学者陈建文则认为,心理能量是社会行动者所拥有的应对压力的一种潜在心理资源。[③]由此

---

① 杨桂华:《社会能量的特点、功能和意义》,《哲学研究》,2015 年第 4 期。
②③ 刘立新:《社会行动者心理能量结构及其与心理健康关系的理论探讨》,《北京教育》,2018 年第 4 期。

可见,"资源"和能"力"应成为社会能量结构的一体两面。晏双平曾在研究中列举了访谈对象对"心理能量"的理解。[①] 显然,这些对心理能量的理解和界定更多的是描述性的,认为心理能量与物理能量相似,同样需要遵循能量守恒定律,同时,认为心理能量是某种心理资源,是激发、维持、支撑社会行动者心理活动的力量、资源、动能等。这些定义一方面正确地指出了心理能量的"资源"属性,另一方面却并未对能力、资源、动能这些相似观念进行进一步区分。正如后述,这种对能"源"、能"量"和能"力"的区分是非常有必要的,有助于在比较中界定能量概念的边界以及这些概念之间的逻辑关系。

(四)对社会能量的界定和理解

1. 已有相关研究回顾与综述

《在线汉语字典》对"能量"的解释如下:"简称'能',物质运动的一般量度。比喻人所能发挥的能力和作用。"[②]由此可见,人们除了从物理层面理解"能量"之外,这个定义还提到了"社会能量"(虽然没有直接使用这个词),即将"能量"喻为人所能发挥的能力和作用。这其实便指出了社会层面的能量现象。当然,我们在后面将会进一步区分能量和能力这两个概念,这两者之间是有差异的。

需要指出的是,除了已知的物理学、生物学、心理学对能量的研究之外,能量的社会层面仍然没有得到应有的充分的重视和研究。通过在中国知网上以"能量"/"社会能量"进行检索,笔者发现,学界对"社会能量"的研究尚有待展开,有代表性的观点如下。

美国学者安德森和卡特认为能量和能量组织是社会系统的特征,相对于心理能量,他们涉及了"社会能量",认为它源于各种资源,是系统的行动

---

① 晏双平:《大学生心理能量问卷的编制与实测》,西南大学硕士研究生学位论文,2011 年。

② "能量",《在线汉语字典》,http://xh.5156edu.com/html5/335765.html。

能力和维护自身及导致变化的力量。[①] 这种对能量的界定,正确地指出了社会能量"源于各种资源",即能"源"的问题,同时认为社会能量是一种"行动能力和维护自身及导致变化的力量",指出了能"力"问题,有新意,对本书有一定的启发价值。但是该定义并没有涉及社会行动者以及社会行动者的能动性。

　　学者蒋影明在国内较早明确地提出"能量社会学",认为应开展对社会能量的研究。他提出了行为能和行为值的概念。[②] 由此可见,蒋影明明确提出了社会能量概念,并做了具体的界定,这对本书颇有启发,尤其是指出社会能量是社会的资源,将社会成员视为社会能量的要素。但是如果从批判地吸收角度,这个定义至少在两个方面需要进一步明确或细化:一是社会成员可以进一步从社会成员的生理能量和心理能量去界定,正如后续所探讨的,社会行动者的生理能量和心理能量都具有社会性,因此,如果要探讨社会能量,势必需要将这两种能量形式细化包括在内。二是蒋影明所谓的行为能量需要进一步明确,我们要看到这种行为能量其实是关系指向的,因此,这种能量形式其实是社会关系能量,即流动在或蕴藏在社会关系中的社会能量形式。社会行为是社会关系能量的载体。行为是关系下的行为。从物理能量的定义视角而言,社会能量表征为推动社会成员做出社会行为的能力。显然,推动社会成员做出社会行为需要社会行动者的物理、生理、心理和社会条件。从这个意义上讲,行为能过于笼统,近似于社会能量,应该进一步区分为社会物理能量、社会生理能量、社会心理能量和社会关系能量。此外,这一定义并没有区分能"量"与能"力",根据后续研究者对能量的界定,能力是能量的表现,这需要进一步做区分。

---

① 杨桂华:《社会能量的特点、功能和意义》,《哲学研究》,2015 年第 4 期。
② 蒋影明:《能量社会学:在元理论阵地的登陆》,《学海》,1996 年第 4 期。

有的学者将社会能量分为社会经济能量、现代文化能量、制度和法律能量等,①这是在类比的意义上使用"能量"这个概念,此外也并没有对"能量"的内涵做出明确的界定。

学者杨桂华曾发文具体探讨了社会能量的特点、功能和意义,也激发了笔者对"社会能量"进行探讨的研究兴趣。杨桂华认为,"社会能量以个人、群体、资金、社会资源和人化环境等各种物质形态方式存在"②。从中可见,杨桂华指出了社会能量所具有的社会性和物质性,对于这一点,笔者在后面将会进一步明确。同时,杨桂华从环境中特意区分了人化环境,笔者对此表示认同,人化环境明显带有人类活动的印记,因此应将其纳入社会能量的研究视野。对此,杨桂华进一步指出:

> 社会能量是社会系统运作的量度,是人类以文化创造的方式所运用的一切能量。它是一般能量的转化形式,或者说是能量的社会形式。从它的来源看,它是人类通过文化创造的各种方式从自然界获取的。是一个社会过程。它是嵌入并存在于人的社会活动中的能量。③

由此可见,社会能量是一般能量的转化形式,因而社会能量成为能量的社会形式。杨桂华正确指出了社会能量与一般能量的关系,指出了社会能量是嵌入并存在于人的社会活动中的,由此指出了社会能量的社会性。同时,这一观点也启发了研究者。在后述研究中,笔者从一般能量(主要指物理能量、生理能量)剥离出社会物理能量、社会生理能量,并进而与社会心理

---

① 周师、黄锦:《开发社会能量是中国民主政治建设的有效途径》,《云南行政学院学报》,2006年第3期。

②③ 杨桂华:《社会能量的特点、功能和意义》,《哲学研究》,2015年第4期。

能量、社会关系能量组成物质态的社会能量,从而构建出包含物质态和符号态的社会能量框架。

总体而言,学界对"社会能量"的研究较为欠缺,但是正如上述,能量在社会层面的使用确是非常普遍的,因此亟须笔者对"社会能量"从理论上进行梳理和回应,从而进一步推进对"社会能量"的研究。本书便是在此方面所做的探索性研究。

综合前述物理学、生理学、心理学以及社会学某些学者对物理能量、人体能量、心理能量以及社会能量所做的定义,虽然各位学者的学科视角有差异,但是我们能看到两个共通点:一是在运动/行动中考察"能量",将"能量"视为物质做功的能力。只不过,做功的主体可以是物体、人体或者社会行动者而已。二是将"能量"视为某种资源、能力等。正如前述,概览有关能量的界定,对能量往往从这两个层面进行界定:一是能量的资源说,将能量视为某种资源;二是能量的能力说,将能量视为某种能力。本书认为能量自身与资源/能力还是有差异的。能量有时被视为某种"资源",即能"源",但能量不等同于能"源";能量有时被视为某种能力,但同样能量也不等同于能力。

2.本书对"社会能量"的理解和界定

(1)何谓"社会能量"

由此,本书认为,"社会能量"是指社会行动者充分利用所拥有的资源去做事情的能力。需要注意的是,作为社会行动者的社会能量的主体可以是个人,也可以是群体或社会组织等。"社会能量"是人的能量,人与其做功的对象则构成了一种能量体。

(2)社会能量的结构

在上述对能量和社会能量概念的理解及界定基础上,本书提出能量/社会能量的结构说,资源和能力是能量的一体两面。即能量既可以是作为资源的潜能,同时也可以是利用资源去做事情的能力。即我们探讨"能量",将不得不涉及"资源"和"能力"两个方面。因此,在本书中,我们区分"能源""能量"和"能力"三个概念。这三个概念之间既有区别同时亦有联系。三者之间的联系在于围绕"能量"展开。三者虽然只有一字之差,但如前述颇有差异。

能源可分为能量来源和能量资源。能量来源,顾名思义强调能量的来源,人类用适当的转换手段便可将燃料、水、光、风等为自己提供所需能量,这些燃料、水等便是能量的来源;能量资源则是一种资源,这种资源可以多种形式或形态存在,可以是人化环境,可以是资金,可以是符号性的资源等,简称"能源",可被理解为"用以驱动人类社会经济活动的载能物质"①。在本书中,我们提及"能源",更多指的是能量资源,即载能物质。这种能源可以是潜在的,也可以是显在的。

表1　人的社会能量结构

人的社会能量							
能"源"			能"量"		能"力"		
能"源"的社会性	能"源"	人化环境等	能"量"	社会物理能量	能"量"的影响力的社会性	能"力"	物力	马力、水力、电力等
		身体等		社会生理能量			体力	气力、暴力、学力、精力等
		心理资源等		社会心理能量			心力	毅力、耐力、定力、意力等
		关系资源等		社会关系能量			众力	魅力、群力、实力、民力、内聚力等

能"力"则为能量的表征,表现为各种作用力。即能"力"指的是表征能量的某种作用力。如表1所示,就人的社会能量而言,能"力"包括:物力:水

---

① 《什么是能量资源?》,新浪网,https://iask.sina.com.cn/b/Cu2wFolpvf.html。

力、磁力、电力、马力等;体力:气力、暴力、学力、精力、智力、强力、眼力、人力、劳力、筋力、视力、脚力、接力、手力、脑力、听力、蛮力等;心力:毅力、耐力、定力、意力、思力、内力等;众力:魅力、权力、势力、国力、财力、群力、实力、民力、内聚力等。

从这些关于"力"的组词中,我们依照作为能量表征的能"力"角度,对这些词汇进行了分类,即按照人的能量的社会物理能量、社会生理能量、社会心理能量及社会关系能量相对应的能"力",即物力、体力、心力及众力进行分类。我们从中可以看到,在关于能"力"的词语中,涉及表征人的生理能量的能"力"最多,这也体现出人体生理领域常使用能量一词。此外,需要注意的是,"活力"类似于"能量"概念,故我们在此不将其作为一个类别,而是将其视为"能量"的等同词。在"力"的组词中,有些是属于物理能量层面的,如"磁力""水力"等,但因其属于人化环境中的物理能量范畴,因此需要将其考虑在内。

能量在物理学中指的是物质做功的能力。从社会学角度观之,社会能量指的便是社会行动者充分利用所拥有的资源去做事情的能力。正如上述,这种能"力"有时表现为物力、体力,有时表现为心力,有时则表现为构建、利用社会关系的能"力";有时表现为单独的某种"力",更多地则表现为多种"力"的结合。

能"力"又分为可行能力和实际能力。从载能物质即能"源"转变为各种能"力",动物往往依靠的是本能;而人由于是社会性存在,因此这种转换过程实际上会受到社会文化、自我反思性等因素的限制。这其实也体现了社会能量的社会性。因此,可行能力指的是一种能力的可行性,或者说是一种理想状态下的能力;而实际能力指的则是在社会场域的社会文化因素影响下,社会行动者实际可以运用的能力。因此,可行能力与实际能力并不等同。或者说,不等同是常态,等同则是理想态。

如上所述,围绕"能量",能"源"、能"量"、能"力"是三位一体的。正如前述,能"源"和能"力"是能量的一体两面。由此,对于社会行动者而言,能量既是约束因素,同时也是能动因素,具有双重性。能"源"、能"量"、能"力"三个概念各有侧重,能"源"是载能物质,能"量"可以表征为各种能"力",三者其实并不等同,但有时常常将三者等同互换使用。

即便如此,区分能"源"、能"量",尤其是能"力",在研究上还是有必要的,显然这有助于对能量尤其是社会能量概念进行操作化,有助于进一步实证考察社会能量概念。从上述分析可见,"社会能量"并非像某些人所宣传的那样玄幻、很神秘的事物。例如,在2020年的《政府工作报告》中,提及"能量"相关的词语有"发展新动能""巨大潜能""粮食能源安全""能耗""各类要素潜能"等。从2020年政府工作报告部分内容来看,其内容围绕"能量"概念,多处涉及能"源"、能"力",显示出能量作为一个新的社会解释框架所蕴藏的潜能。

3. 社会能量与社会资本的同异性

正如上述,将社会能量视为某种资源,容易与另一个重要的社会概念—社会资本相混淆,因此,本书在此对这两个概念进行同异性分析。

(1)社会能量与社会资本的相同点

当代对社会资本的研究被认为从法国学者布迪厄等人开始。他认为社会资本是"实际或潜在资源的集合,这些资源与由相互默认或承认的关系所组成的持久网络有关,而且这些关系或多或少是制度化的"①。从布迪厄的界定中,我们可以看出,社会资本主要是指社会行动者社会关系中实际或潜在资源的集合。就此而言,社会能量,尤其狭义层面的社会能量(指社会关系能量)与社会资本之间有交集。如前所述,社会能量指的是社会行动者充

---

① 李惠斌:《社会资本与社会发展》,社会科学文献出版社,2000年,第3页。

分利用所拥有的资源去做事情的能力。由此，社会能量也包含社会行动者社会关系中的资源，无论这种资源是实际的还是潜在形态的。这是这两个概念之间的相同之处。社会关系中的资源从能量视角观之便是前述的载能物质，这种载能物质可以在社会关系网络中流动，而且处于社会关系网络中的社会行动者能够感知到这种载能物质的存在。

（2）社会能量与社会资本的差异点

虽然社会能量与社会资本之间有上述的相同点，但是两者又有很大的区别。

其一，社会能量与社会资本的学科来源不同。"能量"借用于物理学，"资本"则来源于经济学，虽然经过社会学的吸收和引入后，都用来探讨和解释社会现象，但是毕竟两者的学科来源有所差异。正如后述，这种核心概念学科来源的差异，也直接导致了有些社会现象是社会资本概念无法解释的，因此也需要提出一种新的社会解释框架。

其二，社会能量与社会资本这两个概念所涉及的范围不同。如前所述，社会资本在微观层面上主要指的是社会关系网络中的资源或财富。而从社会能量的视角观之，微观社会资本所指的资源或财富，只是社会能量中的部分载能物质，之所以称为部分载能物质，是因为社会资本所指的资源只是社会能量中社会关系能量下的载能物质，但如前所述，社会关系能量则除了载能物质等能"源"之外，还包括这些载能物质经过转换后的能"力"，因为，社会能量是由能"源"和能"力"构成的一体两面的能量结构。再者，就社会能量而言，除了社会关系能量之外，还包括社会物理能量、社会生理能量、社会心理能量等物质态和符号态的能量形式。另外，社会资本在宏观层面上更多指的是社会组织的信任、规范等特征，社会能量的主体不仅包括个人，也包括群体或社会组织，但就社会组织的能量而言，社会组织的信任、规范等特征对社会组织而言具有很大的影响力，能够转换为协助组织实现组织目标的能"力"。所以社会能量和社会资本概念所涉及的范围不同。

其三,社会能量和社会资本在保持概念一致性程度上存有不同。社会资本在社会行动者层面上更多地是指某种资源,在群体/社会组织等层面上的理解则多有不同。相比之下,社会能量则既可以在社会行动者层面,又在群体/社会组织层面上保持某种理解意义上的一致性。

其四,社会资本更多地指静态层面的资源;而社会能量则更多地指动态地利用资源的能力,且强调这种能力包括可行能力和实际能力。

其五,社会资本往往从资本的增值性或者再生产这个角度理解;而社会能量可以包含这个层面的意义,同时又可以从社会支持这个角度来理解。因而社会资本更多地是从正的角度,而社会能量既有正的角度,又有补充匮乏的角度的社会支持层面的理解。例如,我们后述将要探讨的扶贫便是从社会支持层面的社会能量的赋能。

由上分析可见,社会能量和社会资本这两个概念既有相同点,又有差异点,且差异点要大于相同点。虽然在涉及的对象上有交集,但两者之间有着较为鲜明的差异性。因此,作为一种解释社会的框架,能量/社会能量能够占有一席之地,成为一种新的社会解释框架,正如本书后续章节中所阐述的一样。

二、社会能量的类别

前述论及了"社会能量"概念的界定,提出了社会能量的结构,明确了社会能量的含义,这也是本书的概念基础。下面,我们继续探讨"社会能量"的类别。

正如学界对"能量"概念的理解和界定因学科的差异而多有不同,学界对社会能量的类别划分也因学科的不同而有差异。物理能量有机械能、光能、热能等之分;心理能量有活力、动力、能力之别(此区分分别涉及情感、意志和认知)。① 据此,心理能量包括情感能量、意志能量和认知能量三种类别。当然,不同的研究者对心理能量的划分是有差异的。

就社会能量而言,依据分类标准的不同,我们得到的结果也不一样。

(一)依据能量的社会性,可以将社会能量划分为社会物理能量、社会生理能量、社会心理能量、社会关系能量

社会能量的主体是社会行动者,既包括个人也包括群体/社会组织。能量是社会中的能量。考虑到物理能量、生理能量、心理能量都具有社会性,研究者分别用社会物理能量、社会生活能量和社会心理能量替代"物理能量、心理能量和心理能量的社会性",同时,提出了"社会关系能量"概念。然后,社会物理能量、社会生理能量、社会心理能量和社会关系能量,一起构成了社会能量。关于"能量的社会性",下文在社会能量的特性中会有详述,此处不再赘述。在此,着重对"社会关系能量"进行阐释。

从关系社会学的角度来看,正如意大利社会学者多纳蒂所言,"社会指代的是主体之间的'关系'",社会在漫长的发展过程中,是作为一种独特的实在而出现的,它越来越区别于其他类型的实在。主体之间以不同的方式互动,社会指代的是主体之间的"关系",在这个特定的关系视角下,社会最终被看成是具有"社会性"的。社会关系指的是人与人之间的非物质实在。换言之,社会关系是那些保持在能动者——主体之间的关系,这些关系本身"构成"了他们的互往取向和行动,它们不同于单个行动者(不论是社会行动者,还是群体行动者)的特征。② 肯尼思·J. 格根认为:

---

① 刘立新:《社会行动者心理能量结构及其与心理健康关系的理论探讨》,《北京教育》,2018年第4期。

② [意]皮耶尔保罗·多纳蒂:《关系社会学:社会科学研究的新范式》,刘军、朱晓文译,上海人民出版社,2018年,第72~73页。

　　事实上,所有可理解的行动都是在持续不断的关系过程中产生、维持和/或消亡的。从这一立场出发,没有孤立的自我或完全私有的经验。相反,我们生活在一个相互构成(co – constitution)的世界。我们已然由关系中产生,不可能摆脱关系。即便在最私有的时刻,我们也并非独自一人。①

　　正如格根所言,我们由关系中产生,不可能摆脱关系,即便在最私有的时刻,我们也并非独自一人。肯尼思对"关系性存在"的探讨,给本书探讨社会能量提供了理论基础。社会世界是一种关系性存在,人的能量贮存和流动在社会关系网络之中。社会关系是人类行动的产物,同时又是作为涌现的现象的实在,拥有独立的特性和权力,影响着它的创造者。②

　　因为,社会能量不仅包括社会中的主体所具有的生理能量和心理能量,以及社会中的主体所影响的物理能量,同时也包括社会关系中的关系能量。由于我们强调的社会行动者生理能量和心理能量的社会性的一面,以及物理能量的社会性的一面,所以,社会能量应该包括社会中的主体所具有的社会物理能量、社会生理能量和社会心理能量,以及社会关系能量。对此,多纳蒂曾经谈道:

　　我们用以理解社会关系所需要的知识范畴不能仅仅是心理学的或机械学的范畴(如物理科学中的吸引与排斥)。例如,作为夫妻的男女关系不能被还原为纯粹的社会行动者感受,或还原成纯粹的性吸引,而

---

①　[美]肯尼思·J. 格根:《关系性存在:超越自我与共同体》,杨莉萍译,上海教育出版社,2017年,"序言"第3页。
②　[意]皮耶尔保罗·多纳蒂:《关系社会学:社会科学研究的新范式》,刘军、朱晓文译,上海人民出版社,2018年,第72~73页。

必须被视为主体间的相互行为，它在内容和形式上都有更多意涵和不同之处。事实上，像夫妻这样的社会关系包含了所有维度（情感、本能、规范性），但比它们之和还丰富。这种关系是随着时间推移，由相互的行动将主体的和客体的要素组合起来后"涌现的社会事实"。①

多纳蒂在这段话中以夫妻关系为例，指出了社会关系或社会中所蕴含的三个维度，即生理学、心理学和社会学，或者说本能、情感、规范性，鉴于此，从能量视角观之，社会关系中的主体或社会行动者具有生理能量、心理能量以及社会关系能量，社会能量显然应该包含这三个维度，同时突出前两种能量的社会性，再加上受人影响的物理能量，因此社会能量如上所述，应该指的是社会物理能量、社会生理能量、社会心理能量和社会关系能量。

（二）依据社会能量的形态，社会能量可以分为物质态和符号态

美国文化人类学家怀特提出了文化演进的"能量说"，他认为文化是人类所创造的符号能量的总和，语言则是人类符号能量最重要的形态。② 怀特在研究中明确提出了符号能量，并认为能量贯通于文化的技术系统、社会系统和思想意识系统这三个系统。怀特的这一观点颇具启发意义。在本书中，我们将社会能量分为社会物理能量、社会生理能量、社会心理能量以及社会关系能量，同时指出了社会能量的物质态和符号态。物质态包括上述的社会物理能量、社会生理能量、社会心理能量和社会关系能量；符号态包括以"社会能量"的能指、所指和意指构成的符号结构。

社会能量的符号态，或者换句话说，称之为符号能量。即是作为文化的社会能量。用玛格丽特·阿彻的话说，我们如何对一个恼人的社会学对象

---

① ［意］皮耶尔保罗·多纳蒂：《关系社会学：社会科学研究的新范式》，刘军、朱晓文译，上海人民出版社，2018 年，第 74 页。

② 张进：《社会能量叙事与环境美学方法论》，《兰州大学学报（社会科学版）》，2006 年第 7 期。

进行理论梳理？所谓恼人的社会学对象就是没有"不变形式或更好状态"的对象。能量/社会能量就是这样的东西。它是一种持续性的社会事实，虽缺少不变的形式，却具有力量，能够对社会行动者生活机会产生实际影响。为了将这个恼人的现象变成社会学对象，文化社会学提供了重要的概念工具。① 这些工具使我们能够将能量作为一种持续的、结构的、通过符号来调节的关系加以研究。

此外，安德森对"民族"的定义启发了笔者对"社会能量"的思考方向。在《想象的共同体》中，安德森避开了寻找民族"客观特征"的障碍，直接提到了集体认同的"认知"方面——"想象"。这是一个主观/认知的定义。② 实际上，不仅是这样的"民族"现象，现代物理学家还发现，物理学中的"能量"与心理学中的"心理能量"都是为解释现象而提出的概念。心理能量不是客观现实，而是"心理现实"，也就是说，它是象征某种心理经验的产物。③

由此观之，"社会能量"除了所具有的物质性之外，"社会能量"还是一种想象（认知）的"社会事实"，是一种"想象物"。④ 这种"想象物"具有双重的结构。其中一重是由"社会能量"的能指和所指所构成的。他们一起又构成了新的能指，新的所指来自社会场域中，同时，社会场域又对新的能指带来结构性的影响。

文艺理论中也在探讨"社会能量"，不过，他们其实指的是文本或艺术作品的能量，就是"一个文本或者艺术作品所呈现出的力量，及其对读者、听众

---

① ［美］马克·D. 雅各布斯、南希·韦斯·汉拉恩：《文化社会学指南》，刘佳林译，南京大学出版社，2012 年，第 201 页。

② ［美］本尼迪克特·安德森：《想象的共同体：民族主义的起源与散布》，吴叡人译，上海人民出版社，2003 年，"导读"第 9 页。

③ 如风：《心理能量：固着，释放与转化》，豆瓣网，https://www.douban.com/note/153303209/。

④ 许轶冰：《互联网的死亡性质研究》，《江南大学学报（人文社会科学版）》，2016 年第 5 期。

或者观众施加影响的能力"。① 格林布拉特指出,这种能量"表现于某种词语的、听觉的或视觉的痕迹产生、型塑或者组织集体性身体经验和心理经验的能力……它总是与可重复的乐趣和兴趣相关联,能够激发(读者或观众的)骚动不安、痛苦、恐惧、心跳、惋惜、笑声、紧张、放松、惊奇等"②。显然,格林布拉特此处所谓的"社会能量",其实是一种"符号能量",而这种能量是与社会文化因素密切相关的。

社会能量有着物质态和符号态两种存在形态。作为符号态的社会能量,即符号能量,是一种符号化的虚拟实在,是一种作为文化的能量。在个体层面上,往往指的是个体对物理能量、生理能量、心理能量以及社会关系能量的感受和体验;在整体层面上,往往指的是包括文艺作品等在内的多种表现形式。物质态的社会能量有静态(能"源")和动态(能"力")之分,符号态的社会能量亦可以分为静态和动态之别。静态的符号能量可以指个体的感受、文学作品、记忆等;动态的符号能量则可以指视频展示或者以赋分表格的方式等表现出来。例如,北京等地所实施的积分落户政策,将"就业""住所""教育程度"等分别赋分,这其实便是个体不同类型社会能量的符号化。此外,符号态的社会能量又可以分为内隐的和外显的符号能量。具体而言,内隐的符号能量指的是社会行动者的感受、体验和记忆等;外显的符号能量则表现为文学作品等形式。

因此,综前所述对社会能量的分类,本书将社会能量理解为包含社会物理能量、社会生理能量、社会心理能量、社会关系能量以及社会符号能量五个层面,同时涵盖物质态和符号态的一个概念。或者说这是"人的能量"所包含的五个层面。人的能量,总是由这五个层面所构成的总和。如表2

---

① ② 李琳:《"社会能量"的"流通"、"交换"与"协商":格林布拉特的新历史主义文艺观新探》,《山东外语教学》,2015 年第 2 期。

所示。

表 2　社会能量分类

社会能量	社会能量的符号态	社会符号能量	能量所指	能量条				能量组	新的能量能指	作为资源的社会能量	潜在资源	作为能力的社会能量	可行能力	作为文化的社会能量	内隐的
				社会物理能量	社会生理能量	社会心理能量	社会关系能量								
			能量能指						能量意指		显在资源		实际能力		外显的
	社会物理能量	社会生理能量	社会心理能量	社会关系能量											
社会能量的物质态															

（三）依据前述社会能量的结构，社会能量可以分为静态和动态两种形式

张进提出"社会能量叙事"，认为能量强调物质做功的能力，蕴含着某种"动力学"（energetics），通过"能量"术语的使用能够表达对结构主义和叙事学僵化模式的不满，旨在"突破形式主义的静止模式"，[①]强调了能量/社会能量动态的一面。对此，杜维明也指出：

> 人类思维方式的转变，一是从静态的几何思考转向动态的发展的思考，任何东西都在动，不仅人，草木瓦石都是动的，都是各种不同的动力（energy）造成的。[②]

---

① 张进：《社会能量叙事与环境美学方法论》，《兰州大学学报（社会科学版）》，2006 年第 7 期。
② 杜维明：《对话与创新》，广西师范大学出版社，2005 年，第 37 页。

从这些观点可以看出，"能量"作为方法论的意义就在于变静态的思维为动态的思维。但是这些只是突出了能量/社会能量动态的一面，根据前述我们对"社会能量"的界定，即社会能量指的是社会行动者利用所拥有的资源去做事情的能力。能"源"（资源）和能"力"是社会能量的一体两面，如果说资源作为载能物质，是能量的静态面，是一种潜能，那么能力则是社会能量的动态面，是能量的具体表征。作为动态的社会能量能力，又可以分为可行能力和实际能力。显然，社会能量作为能"源"和能"力"的一体两面结构，是静态和动态形式的辩证统一。

（四）依据社会能量所包含的层面，社会能量可以分为整体层面的社会能量和社会行动者层面的社会能量，或者说宏观和微观层面上的社会能量

法国著名宗教学家德日进在《人的能量》一书中，曾经提出将人的能量划分为混合能量、受控能量和精神能量。

所谓人的能量，我在此指的是现在在人这个活动中心的可识别影响下不断增加的那部分宇宙能量。从单独一个人类成员的内部和周围看，这种"人化的"能量，以三种形式呈现：混合能量、受控能量和精神能量。

混合能量是缓慢的地球生物进化过程在我们的由肌肉和神经组成的有机体（人体这部令人惊奇的"自然机器"）内部逐渐积累并协调起来的能力。

受控能量是人用来自其四肢的体力透过"人造机器"得以在周围巧妙地支配的能量。

精神能量仅仅局限于我们的内在自由活动领域，是我们的智力活动、情感和意志的能力。这种能量也许不可计算，但却非常实在，因为它透过思考和热情来控制事物及其关系。

人的能量单位就是这样一个带着赋予活力的光环的中心。人类的
总能量,这个量由每个时刻地球表面全部基本能量的累加和构成。①

德日进对人的能量的三种形式的划分很有启发价值。"混合能量"本质
上是人的生理能量。"精神能量"可以视作是人的心理能量,这种能量很难
计算,但是能够实在地对人产生影响。德日进提出了一个"受控能量"的概
念,指出了人借助自身所创造的"人造机器",从而增加了人对周围或外部环
境的控制力。这种作为"人的延伸"的"人造机器"拓展了人的能量值。"受
控能量"类似于本书前述的社会物理能量,即在人化环境中,社会行动者可
以支配的物理能量。

显然,德日进提到的"受控能量""混合能量""精神能量"可以视为是人
的社会能量的重要组成部分。不过,需要指出的是,德日进虽然对人的能量
进行了划分,但是并没有指出人的社会关系能量和符号能量形式。此外,德
日进不仅从社会行动者层面分析了人的能量的三种形式,同时他又从整体
上提出了人类的总能量,即每个时刻地球表面全部基本能量的累加和构成。
综合来看,德日进的"人的能量"概念,从社会行动者和整体两个层面对"人
的能量"进行了区分,颇具理论意义。

因此,社会能量应包含两个层面,一个是整体上的社会能量,一个是社
会行动者层面的社会能量。

(五)依据社会能量的影响,社会能量可以分为正能量和负能量

这是一个有争议的分类。即便是在物理学科内,关于能量的正负之分,
也多有争议。王云飞认为,宇宙是由分为正能量和负能量的能量构成的,两

---

① 　[法]德日进:《人的能量》,许泽民译,贵州人民出版社,2018 年,第 106～107 页。

种能量的性质完全相反。宇宙正、负能量之和时刻保持为零。[①] 而黄志洵则认为,"负能量"这个词的意思,显然就是"比没有(零)能量还少的能量"[②]。关于"社会能量"的正负问题,我们可以从三个路径进行思考。

一是从能量本身而言,能量本身有正负之分,虽然如前所述,对此可能有不同看法。基于此,从社会能量的物质态而言,物理(生理)层面上的负能量至少存在着可能性。而社会关系的负能量在物质性层面上,我们可以理解为社会行动者并没有外在的社会关系网络的一种极端状态,但是自身有着想象的(虚的)社会关系网络,这是一种负的社会关系能量状态。而就社会能量的符号态而言,我们把社会能量视为社会行动者的"想象物",即前述的符号能量,那么社会能量也可以有正有负。

二是从能量的影响层面,或者说价值意义上,即对影响对象而言的价值而言,社会能量有正负之分。因此,即便是"正能量",在某些场域下,也有可能为"负"(影响意义上的)。即便是"负能量",在某些场域下,也有可能为"正"(影响意义上的)。因此,这是从影响层面上去考察、去思考正能量、负能量的"正负"影响问题。再如,运动心理学研究证明,心理能量与运动成绩之间的关系符合倒 U 型的原则。即,当心理能量水平从很低向上提高时,成绩也有所提高,直到一个人可能具有的最佳能量区域。然而心理能量进一步提高,成绩就会下降。[③] 由此,我们可以看到,即便是心理正能量,从影响层面上而言,也有可能是负的意义。

三是从社会能量在社会场域中所受到的社会因素的影响制约角度而言,社会能量会有正负之分。社会学视角下的"能量",一如物理学视角下的"能量",都指的是做事情或做功的能力。社会行动者在社会关系的诸多场

① 王云飞:《宇宙负能量的存在及作用》,《石家庄职业技术学院学报》,2006 年第 4 期。
② 黄志洵:《负能量研究:内容、方法和意义》,《前沿科学(季刊)》,2013 年第 4 期。
③ 凤帅临:《体育运动中的心理能量与控制》,《安徽体育科技》,2000 年第 4 期。

域如沟通、社会运动、发展、冲突、创新、上瘾、死亡、交往、交换、劳动等社会场域中，社会行动者做事的能力如物力、体力、心力以及社会关系能力都受到场域中社会因素的影响制约，这体现了能量的社会性，同时这些影响也干扰或影响了能量影响的走向，有可能是建设性的，有可能是破坏性的。因此，社会能量在社会场域中社会因素的影响下有所谓的"正""负"之分。例如，程序员由于长期面对电脑编写代码，工作相对较为枯燥单调，在这种工作环境的影响下，人便会产生负面情绪，这种负面情绪的积累就会产生表现为"丧文化"的负能量心态。

三、社会能量的特性

学者蒋影明曾经提出社会能量的特征，认为社会能量具有客观性（总是与具体的时间空间相联系）、波动性（同一个能量在不同的时间，其值不同）、流动性（能量在不同的社会成员和不同的社会行为之间传递或者转移）。①对此，本书表示认同（虽然在具体的名称上有所不同），但是也认为除此之外，社会能量还具有其他一些重要的特征。

（一）社会能量的物质性

我们提及社会能量并不是无中生有的，而是一种社会现实，总是与具体的时间空间相联系。正如能量是指物质做功的能力，社会能量指的是社会行动者充分利用所拥有的资源去做事情的能力。由此界定中可以看到，社会能量具有客观物质性，包括社会能量的能量来源、社会行动者、载能物质、能量的吸收对象等都具有物质性。

由此，无论是社会物理能量，还是社会生理能量、社会心理能量、社会关

---

① 蒋影明：《能量社会学：在元理论阵地的登陆》，《学海》，1996 年第 4 期。

系能量,他们都具有物质性,这也是前文所提及的社会能量物质态的基础。

(二)社会能量的社会性

正如"社会能量"一词中"社会"这个前缀所强调的,本书所探讨的是"社会"的能量,"社会性"自然便是其特征之一,可以说是社会能量的应有之义。已有一些研究对能量进行社会学的研究,例如,有的研究者提到"社会能量"的概念,但是此处的"社会能量"只是某种代称,并非原先"能量概念"的不同视角。我们不能脱离"能量"本身去谈"能量",否则就是在谈另外某种社会现象。我们基于"能量"去谈"能量",能量的物质性为我们探讨能量的社会性奠定基础。

1. 社会能量的社会性指社会能量的"能源"来自社会

正如前述,"能源"一词含有能量的来源和能量资源两层含义,我们发现,在这两层含义中,社会能量的"能源"都具有社会性。

第一,就能量的来源而言,"太阳作为一级能量源泉不仅为繁盛的自然界提供了物理同向性,也提供了文化生活的精神同向性。……好奇和兴趣、乐趣、爱和恨、喜悦和悲伤,这些我们所熟悉的情感和本能来自于个体文化层面,属于寻常的生活经验,它们的表现是各不相同的。……我们发现了文化能量的两个源泉,它们是最重要的源头:语言和宗教"①。因此,从社会能量的角度而言,语言和宗教作为社会能量的来源显然具有社会性。

第二,就能量资源而言,社会能量的社会性更为显见。社会能量作为人的能量,人是社会性动物,人的生理能量、心理能量显然也具有社会性;物理能量,也因其在人化环境中,从而也具有了社会性;即便是社会关系能量,如前所述,社会关系中蕴藏和流动着的各种社会资源更是自然具有社会性的

---

① [德]安斯加·纽宁、维拉·纽宁主编:《文化学研究导论:理论基础方法思路研究视角》,闵志荣译,南京大学出版社,2018年,第388~389页。

特征。因此,无论是物理能量、生理能量,还是心理能量、社会关系能量,本质上都具有社会性。例如,就社会能量的吸收而言,社会行动者通过读书,能够感受到与健在的或逝去的前辈先贤对话而获得的能量感,或者在一场或庄严肃穆或激情澎湃的仪式上感受到能量的充盈等,涂尔干曾对此进行过研究,这些无不体现出能量的社会性。

2. 社会能量的社会性指社会能量的"能力"指向社会

如前所述,能"源"和能"力"是社会能量的一体两面,构成了社会能量的双重性结构。不仅能"源"具有社会性,能"力"也具有社会性,这主要是从能"力"的指向性而言的,即社会能量的出口或者社会能量的释放是指向社会的,包括能量的传递和转化也有助于共享的社会文化系统。因此,社会能量的吸收、吸附、增强、传递、活化、宣泄、消耗、消逝、交换、转化、管理等都具有社会性。在这个意义上,社会能量不是某种玄而又玄的东西,它既是一种物质性的存在,也是一种社会性的存在。

3. 社会能量的社会性指社会能量会受到社会文化制约

一方面,作为载能物质的能"源"会受到社会文化制约。例如,同是三胞胎兄弟,但是在不同社会阶层家庭即富裕的医生家庭、中产阶层家庭和蓝领家庭培养下长大成人,三个孩子却有不同的命运。电影《孪生陌生人》记录了这样的故事。再如,据研究发现,压力对人的影响可不仅限于精神层面,还会切切实实地反应到身体上,压力过大体内的炎症就会增多。[①] 从这项研究中,我们可以看到能量的社会性,即生理能量和心理能量会受到外部社会因素的影响。此外,社会行动者心理能量也会受到社会情境的影响。在《岳阳楼记》中,作者所述在"霪雨霏霏"和"春和景明"之时,其心境亦有"满目

---

① 《压力大到扛不住? 压力过大会使人体内产生大量的炎症反应》,转化医学网,https://m.thepaper.cn/baijiahao_7722407? sdkver = 5661ff16。

萧然,感极而悲"和"心旷神怡,其喜洋洋"之别。

另一方面,作为各种能"力"的能量,在对社会文化产生影响时也同样会受到社会文化因素的影响和制约。芭芭拉指出,"传统社会科学的'社会'(the social)概念是专指人类活动的。事实上,无论隐性还是明确提出的社会概念,都是与自然相对而言的"①。能量是"社会事实",因为能量总是表现为能"力",因此能量又与实践不可分离。能量被主体吸收、释放,在主体间传递、转化,能量并不必然是社会能量,但在社会中总是社会能量。正如后述,能量在吸收、释放、转化中反映、安排、影响着社会生活。因此从这个层面而言,能量具有社会性。例如,性在心理上是一种能量,具有强大的能力,它代表社会行动者的生理和心理的活动和发展。此外,性就其自然状态而言具有本能的性质,具有一种自然的特点,因此在现实生活中,性必须受到自我意识、社会道德和法律规范的约束。② 这些说明性作为一种心理能量的自然性(物质性)和社会性的内涵,也是笔者前述提出社会心理能量的理由。

又如,就社会关系能量而言,能量在关系中会受到社会场域中各种社会关系的影响,因此有时候能量会受到压制;有时候,关系结构又要求处于社会关系结构网络中的社会行动者贡献自身的能量。为什么在当下社会中有的社会行动者有时会感到不快乐,一个重要原因便在于社会行动者的能量在这种社会关系结构中,被压制(如"PUA"现象等)、被剥削(如"996"工作模式等)。对此,下文在社会能量的吸收和吸附中会有进一步论述,此处不再赘述。但这些案例的确说明了能量的社会性,即能量在吸收、吸附、释放、转化等过程中会受到社会场域中社会文化因素的影响。

由上述分析可见,社会能量的"能源"来自社会,社会能量的"能力"指向

---

① [英]芭芭拉·亚当:《时间与社会理论》,金梦兰译,北京师范大学出版社,2009 年,第 53 页。
② 朱勇:《大学生性心理能量的转化》,《黄山高等专科学校学报》,2000 年第 5 期。

社会,社会能量在对社会文化产生影响时也同样会受到社会文化因素的影响和制约。这些无不向我们表明社会能量的社会性特征。此外,需要注意的是,鉴于本书探讨的是社会中的能量现象,因此在本书中,"能量"和"社会能量"一词有时互换使用。"能量"指的就是"社会能量"。

（三）社会能量具有结构性和能动性的双重性

此处社会能量的双重性主要表现在两个层面。

第一,我们在谈及社会能量的社会性时指出了社会能量会受到社会文化制约,这其实也体现了社会能量结构性的一面,一方面,作为载能物质的能"源"会受到社会文化制约,另一方面,作为各种能"力"的能量,在对社会文化产生影响时也同样会受到社会文化因素的影响与制约。此外,社会能量的能"力"指向社会,且对社会文化产生影响,这其实是社会能量能动性的一面。因此,社会能量处于某种社会文化场域之中,它会受到场域社会文化的影响,当然,社会能量也对场域社会文化产生影响,促动着其变化。因此在这个意义上,社会能量具有结构性和能动性的双重性。

第二,社会能量是包含资源和能力的一体两面的型构。对于社会行动者的社会实践而言,社会能量具有约束和能动作用,从而具有双重性。

（四）社会能量的流动性

1.作为能"力"的社会能量具有流动性

正如前述,能量指的是物质做功的能力,社会能量指的是社会行动者充分利用所拥有的资源去做事情的能力。显然,在这种做功或做事情的过程中,正是载能物质流动的过程。作为资源/载能物质的社会能量,常被视作某种潜能、某种静态的能量。而当静态的能量转变为动态的能量时,社会能量便流动了起来。例如,就社会关系能量而言,在社会关系网络中蕴藏着作为资源的能量,这种能量在社会关系网络中流动（包括代际、代内流动等）以解决事情。在社会关系网络中的社会行动者往往会成为能量流动的阈限,社会行动者作为反思性力量,在社会文化等结构性因素影响下控制着能量阀,控制着能量的出口与入口。此外,能量在网络空间/虚拟空间也具有流动性。例如,在网络直播中,来自粉丝对主播的打赏等便是作为"礼物"资源的能量在虚拟空间中的流动。

正是因为流动性使得社会能量的吸收、释放、交换等成为可能。正如杨桂华所言:"由于社会能量的流动性,在利益或社会政策的引导下,它就可能由高能量区流向低能量区,促进低能量区的发展,如我国支边援疆、希望工程,美国西部的开发,等等,都是这种流动性的表现。"[1]社会能量的这种流动性常用水的隐喻来描述。由此,人的能量便如水一般,看似是无形的,但是蕴含着巨大的能量,在一定条件下可以显露出来。此外,需要注意的是,能量流动并不是无序的,往往依照既定的社会关系结构层序流动,当然,这也从另一方面体现了能量的社会性。

2. 社会能量的流动性也表现为社会能量的可转化性

社会能量诸种形式之间是可以相互转化的。不仅是社会能量诸种形式之内,即便是社会能量诸种形式之间也是可以相互转化的,正如上述,这也可以被视为社会能量流动性的表现。例如,身残志坚,说的便是生理能量弱,但是心理能量强大。一个人表现出来的是总体的社会能量,可能一个人的生理能量弱,但是心理能量强大,或者物理能量强大,金融资本雄厚,又或者社会关系能量强大,有各种社会关系的支持等。

(五)社会能量具有可传输性

符号态的社会能量是负载在文字、语言、图片、视频等媒介之中的,也就是说当某人将自身的剩余能量以某种媒介形式释放出来时,能量能够以语言、文字、图片、视频等形式保存在这些媒介中,当接收者听到、看到、读到这

---

① 杨桂华:《社会能量的特点、功能和意义》,《哲学研究》,2015 年第 4 期。

些内容时,会以他们的方式解码这些能量,从而完成了能量的传输。也就是说,能量能够以文本形式保存。作为一种符号态的社会能量,能够经由语言、文字、图片、声音、视频等媒介进行传输。例如,某人在看到一段励志文字/视频后感到很有力量等;与某人交谈后,自己深受鼓舞等;在听了某位老师的课后,自己产生了信心等。虽然这些表述不一样,但是都蕴含着充满能量之意。即这些文本话语,经过社会行动者的反思性力量,而成为其自身能量的来源,完成了能量的传输。

社会能量能够以负载在文字、语言、图片、视频等媒介形式保存,这也由此使得能量同时又具有延时性。这一点很重要。它能够保证那些具有剩余能量的人在没有能量接受对象的情况下,宣泄自己的能量。例如:

姥姥偶尔会给我发微信消息,都是一条一条长达一分钟的语音。我们这些经常用微信的人都知道,语音消息很烦人,长长的语音消息更烦人。于是当时的我选择不去听,舍不得"浪费"几分钟时间来点开一个个小红点,而是转身进入游戏来缓解自己无法出门的压抑,我这样的行为绝对不是仅仅一个社会行动者的行为。疫情隔绝了距离,为何我们不尝试去让它不要隔离爱呢?疫情已经影响了我们的工作和学习,不要任由它冲淡我们的感情。

最近舅舅也发来消息,说一放暑假就会回来姥姥这里。那条语音姥姥反反复复听了十几遍,每天都听几遍,每次都开心地和我说她有多期待他们一家回来。和我吝啬地花几分钟时间听姥姥发给我的语音消息相比,姥姥一条语音听十几遍的行为让我感到十分愧疚。刚刚点开了姥姥发给我的十几条仍旧标着"小红点"的语音消息,满满都是她对我学习和生活各方面的关心,偷偷听着听着,泪水逐渐模糊了双眼。

疫情隔绝了距离,但不要让它隔离爱。关心家里的老人,从点开一个个感情的"小红点"开始。①

正如这个案例中所提及的,微信语音消息,无论是平时还是在疫情期间,都在传递着社会能量,通过这些语音微信,无论是发送者,还是接收者,都能感受到对方的爱,传递着社会能量。

(六)社会能量的变化性

1. 就单一社会能量形式而言,无论是能量的哪种形态,能量总是变动不居的

前述我们提及就人体能量而言,人体每天所需的能量数值,从物质态而言,能量是变动着的,有时可能多一些,有时可能会少一些,大体上是在一个区间值范围内变动。从能量的认知态或符号态而言,就像我们前述所言,社会行动者的能量认知结构中所包括的对能量的认知是不一样的。例如,自卑的人往往体验到能量不足;自负的人则往往夸大了自我能量值;而自信的人相对于前两者则是对自我能量平衡的确认。

2. 就人的能量总体而言,在做不同的事情或活动时,能量是变化的

在做不同的事情或活动时,社会行动者对各种形式的能量的需要也是不一样的。有的时候需要心理能量,有的时候可能更需要社会关系能量等。因此,就人的社会能量的总体而言,能量是变化着的。

3. 就能量的生命周期/价值链而言,能量具有变化性

从能量的生命周期来看,能量历经吸收、释放、消耗、转化等阶段,无不体现出能量的变化性。例如,在体育比赛中,心理能量的不断释放,会引起生理上的疲劳。随着心理能量的释放,人的大脑中枢神经系统中的交感神经受到外界刺激减弱,运动员身体上部分器官兴奋性降低,开始出现心率减

---

① 王玥:《点开感情的"小红点"》,春季学期作业,北京邮电大学,2020 年。

弱,肌肉紧张,从而导致生理疲劳。同时心理疲劳情况也因外界的干扰和自身生理上的疲劳而显现出来。① 由此可见,体育运动员在比赛中,不管是生理能量,还是心理能量都会因为比赛或者外界的干扰而产生变化,此处主要是能量的消耗。

因此,我们需要从变化的观点来看待社会能量。

(七)社会能量的守恒性

此处指的是能量总是趋向于守恒。正如前述,社会能量具有流动性、可传输性以及变化性,但需要注意的是,社会能量在流动、传输和变化中同样遵循着能量守恒定律。

(八)社会能量具有可体验性

社会行动者常常在做事情或社会能量释放时体验到社会能量。不同的社会行动者体验到的社会能量是有差异的。那种能量充足时的轻盈、自信甚至自负,能量不足时的沉重、自卑甚至自大;能量释放时的畅快等。人本主义心理学的开创者马斯洛研究过的尖峰体验,其实便是社会行动者能量释放时的高潮体验。马斯洛认为:"这种体验可能是瞬间产生的、压倒一切的敬畏情绪,也可能是转眼即逝的极度强烈的幸福感,甚至是欣喜若狂、如醉如痴、欢乐至极的感受。"②马斯洛曾经举了一个例子,一位年轻母亲在为孩子们和丈夫准备完早餐后,看着阳光下的孩子们,一种满足感油然而生,产生了高峰体验。

如上,正如马斯洛所举的例子所示,对于社会行动者而言,通过利用各种或大或小的资源做成事情,达成目标,这从能量角度而言,是社会能量的释放或转化,对于社会行动者而言,在这种达成目标的社会能量的释放或转

---

① 赵恒、程志华:《田径运动员心理能量与运动性疲劳的相关性研究》,《体育科技文献通报》,2008 年第 9 期。

② 车文博:《人本主义心理学》,浙江教育出版社,2003 年,第 142 页。

化过程前、中、后,都真切体验到社会能量的状态。有社会能量释放前的自信或不安,有社会能量释放中的畅快淋漓或沮丧,有社会能量释放后的快意满足或失落等,无论是何种感受,这些无不说明社会能量的可体验性。

因此,正如前述社会能量是包括能"源"和能"力"的一体两面的结构,从可体验性角度而言,能"源"的充足与否,能"力"发挥作用过程顺利与否,如上分析,都体现了社会能量的可体验性。

(九)社会能量的可表现性

正如上述,从社会行动者的角度探讨了社会能量的可体验性,从社会能量自身的角度而言,其具有可表现性。

首先,作为载能物质即能"源"的社会能量具有可表现性。即当能量的状态处于盈亏不均、高低不同的时候,其在社会行动者上表现出来的状态也是不一样的。就人的能量,或者说社会能量而言,社会物理能量可以表现为社会行动者所占有的物质资源,包括自然资源、金钱、土地等;社会生理能量可以表现为社会行动者的身体健康程度;社会心理资源可以表现为社会行动者的精神状态等;社会关系能量可以表现为社会行动者所建构和拥有的社会关系网络等。例如,在某互联网公司的招聘公告中,提到对实习生的要求,我们从中可以看到,除了对专业知识和技能的要求之外,同时还有对社会行动者能量方面的要求,如需要对所在领域有热情,对新事物保有好奇心等,这些恰恰是社会能量高的表现。

其次,作为能"力"的社会能量也具有可表现性。成功地做完做好事情,与未成功地做完做好事情,显然表现出来是不一样的。前者常常表现为创设了新的环境、协调了某种关系等;而后者则恰恰表现得与前者相反。

(十)社会能量的可比较性

如上所述,进一步而言,社会能量的可表现性,也使得社会能量的比较成为可能,从而使得社会能量具有了可比较性。

作为资源的能量显然具有可比较性。资源有多有少,往往多寡不均。当然,不仅限于此,作为能"力"的能量,由于能量值有高有低,往往大小不一,也具有可比较性。社会能量可以说是个弹性的存在。

从这个角度而言,借用布迪厄的区隔理论,能量成为区隔社会群体的一个重要指标。当然,此处的能量既指作为资源的潜能,也指利用资源做事情的能力。就社会行动者而言,每个社会行动者的社会能量都是有差异的,这种差异性既表现在作为潜能的资源上,同时也表现在做事情或者活动中的能力上。

（十一）社会能量的相对独立性

如前所述,社会能量既包括物质态的社会物理能量、社会生理能量、社会心理能量和社会关系能量,同时也包括符号态的符号能量。这些社会能量形态之间是相互独立的。例如,颜回虽然粗茶淡饭,"一箪食,一瓢饮,在陋巷",但是心理能量很充盈,"不改其乐"。尤其是作为文化的符号能量,正如英国文化社会学学者史密斯所言,我们"不能简单地把文化解释为对深层经济力量、权力分配或社会结构需求的反映"[1]。这句话强调了文化的相对自主性,作为文化的符号能量亦是如此。

但是社会能量各形态之间也是相互影响的,这也是我们使用"相对独立性"考虑的一个因素。例如,塞耶(Thayer)提出的能量的身心理论认为,心理能量也受身体因素的影响。健康的身体会增强心理能量感,特别是身体强壮的时候心理能量感更明显,相反,身体不适也可能会消耗一个人的心理能量或者阻碍其高效地完成任务。因此,心理能量与身体感觉是密切相关的。[2]

---

[1] ［英］菲利普·史密斯:《文化理论——导论》,张鲲译,商务印书馆,2008年,第11页。

[2] 刘立新:《社会行动者心理能量结构及其与心理健康关系的理论探讨》,《北京教育》,2018年第4期。

如上所述,笔者从社会能量的物质性、社会性、结构能动双重性、流动性、可传输性、变化性、守恒性、可体验性、可表现性、可比较性以及相对独立性十一个方面探讨了社会能量的特征。

四、社会能量的生命周期

如图 1 所示,依据社会能量的生命周期,我们将社会能量的生命周期整体上分为吸收、释放、转化和管理四个阶段,如果进一步细分,我们可以从能量的吸收中区分吸收、吸附、增强等,从能量的释放中细分出能量的活化、宣泄、消耗、消逝等,从能量的转化中析分为能量的交换、转化等。因此,从能量的生命周期出发,我们可以区分社会能量的吸收、社会能量的增强、社会能量的释放(包括活化、宣泄、消耗和消逝)、社会能量的交换、社会能量的转化、社会能量的管理等层面。

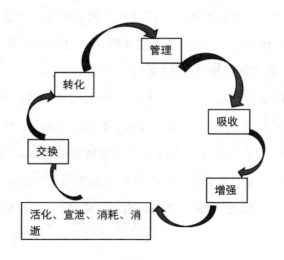

图1　社会能量的生命周期

当然,需要说明的是,笔者依据能量的生命周期将能量分为上述几个阶段,在后续的探讨中逐个进行探讨,只是处于研究的便利性考虑,并不认为每个阶段就是静止的,实际上,能量的各个阶段是连贯一体的。例如,在社会能量的宣泄/社会能量的消逝中,其中又都包含着社会能量的转化过程,我们不能将此截然分开。下面,笔者就上述提及的社会能量生命周期的各个阶段进行简要介绍。

(一)社会能量的吸收

就个体社会行动者而言,社会能量的吸收又可以细分为能量的吸收与吸附。笔者发现,社会行动者对能量的吸收具有差异性,这种能量的吸收会受到社会文化以及社会行动者年龄、性别等因素的影响。吸附是能量在不平等关系下的能量吸收现象,这种社会能量的吸附现象在社会中也是较为普遍存在的。例如,"过劳死"现象,"PUA"现象,尤其是在信息传播技术的背景下,企业或组织利用信息传播技术增加了吸附劳动者社会能量的强度和频率,这值得我们进一步关注。

此外,群体层面的社会能量现象,便是群体对其成员社会能量的吸收而形成的一种新的社会能量形式。整个群体享有某种共同的社会能量,群体成员能够感知到这种群体能量的存在。鉴于这种群体整体的社会能量的存在,群体中的社会行动者也能感知到自己的社会能量所受到的或增强或削弱的影响。与此同时,社会能量在群体中的能量分布是不均匀的。

社会能量的增强本质上亦是社会能量的吸收现象。在信息传播技术影响下,这其实是信息传播技术对个体社会行动者或群体的赋能。例如,贫困有时是社会行动者身体原因导致的。借助信息传播技术,通过接合而赋能,通过结合而赋能,通过融合而赋能,通过协合而赋能;此外,借助信息传播技术,社会行动者能够获得社会关系赋能,使得社会行动者社会能量增强。本书在下文着重探讨了脱贫过程中社会能量赋能中的吸收现象。当然,在这个传递过程中会受到来自社会文化等结构性因素,以及社会行动者能动性反思力量的影响。同时,本书也探讨了信息传播技术背景下,所出现的数字贫困中的社会能量的吸收问题。

(二)社会能量的释放

社会能量的活化过程便是社会能量的释放过程。一方面,借助信息传播技术,或者说将信息传播技术作为工具,社会行动者能够自主或者被引导激发自身的潜能;另一方面,社会行动者被压抑的社会能量资源也能够在某些条件下被激活,从而被社会行动者加以整合优化利用获得发展。

社会能量的宣泄属于社会能量释放的一种典型形式。本书聚焦暴力这种社会能量宣泄的形式,探讨网络暴力现象,并基于此探讨社会能量的宣泄。能量的宣泄则隐含着能量释放过程的破坏性影响。

社会能量的消耗亦属于能量的释放现象。正如前述,信息传播技术如AI技术能够增强人的能力,这可谓是社会能量的赋能或增强。但是我们也应看到,技术尤其是在本书中是指信息传播技术对社会行动者上瘾的影响。通过成瘾,无论是依赖技术,还是依赖内容,技术可能消耗能量。实际上,一切会让人成瘾的东西都是消耗人的能量的。当然,正如我们前面已经提到根据能量的守恒定律,能量消耗的过程,其实也是能量的转化过程,例如,体育锻炼等,表面消耗能量,却转化成更高质量的能量。再如读书,虽然也是消耗能量,但是通过与古人对话,汲取古人、伟人的智慧,这也能够增加社会行动者的能量。

此外,社会能量的释放还应纳入社会能量的消逝现象。需要注意的是,我们前述,人体能量同样遵循着能量守恒定律,此处我们所谓的"能量的消逝",更多地是从能量在特定时间地点或特定时空背景下,那一时刻,能量的消逝。在本书中,笔者主要是探讨死亡这种社会能量消逝的现象,数字技术所带来的数字人等"永生"现象,以及因为信息传播技术而衍生的所谓"社会性死亡"现象。

（三）社会能量的转化

如前所述,我们将能量的交换/转化虽然放在同一个阶段,但是两者还是有些差异的。能量的转化更为侧重于能量的质态从一种形式到另一种形式的变化,能量并没有消失,只是存在的形式发生了变化。能量的交换则暗含了社会行动者之间能量的交换,质态可能发生变化,也可能不发生变化。在本书中,笔者着重探讨了网络交往中的"点赞"等现象所蕴含的社会能量交换意涵,以及探讨了网络交往社会能量交换的伦理问题。

关于社会能量的转化,在本书中,笔者着重探讨了劳动这个场域中社会能量的转化现象。在劳动场域中,社会行动者在劳动中,生理态的能量通过实际能力对劳动对象产生影响,在这种劳动中,社会行动者通过收获劳动成果,实现了能量的传输和转化。同时,本书聚焦在信息传播技术影响下所出现的数字劳动现象中社会能量的转化问题。

（四）社会能量的管理

在信息传播技术介入下,无论是作为工具的信息传播技术,还是作为生态/环境的信息传播技术,社会行动者社会能量的管理越发变得重要且紧迫。这种管理包括社会能量的自我管理和他人管理。结合前述,社会能量不仅具有物质态,同时也具有符号态。社会行动者不仅能够管理社会物理能量、社会生理能量、社会心理能量以及社会关系能量,同时也能够管理符号态的符号能量。既然社会能量是可以被感知,是表现出来的,因此能量似乎又可以是被修饰和管理的。在本书中,笔者着重探讨了社会行动者在线形象的管理以及新闻话语叙事的管理等涉及社会符号能量管理的话题。

综上所述,笔者依据社会能量的生命周期,在后续章节中结合社会能量的不同场域,在信息传播技术的影响背景下,结合社会现象逐一探讨了社会能量的吸收、吸附、增强、传递、活化、宣泄、消耗、消逝、交换、转化和管理现象,涉及传播、交往、发展、交换、劳动、死亡等社会学的不同主题。

五、能量:一个新的社会解释框架——信息传播技术与社会能量

(一)"信息传播技术与社会能量"的理论框架

如前所述,本章相继探讨了社会能量的含义、社会能量的类别、社会能量的特性以及社会能量的生命周期,基于前述我们对社会能量的界定和理解,本书尝试基于能量概念,构建起一个新的社会解释框架。如图 2 所示。

如图 2 所示,在本书中,社会能量有物质态和符号态两种形态。就社会能量的符号态而言,索绪尔认为,语言与言语不同,它包括能指和所指两个层面。这一区分给我们探讨能量带来了启发,我们可以将"能量"视为由某种能指和所指组成的一个结构。由此,社会能量有能指和所指之分。

就社会能量的所指而言,社会行动者的社会能量有如一组能量组,由社会物理能量、社会生理能量、社会心理能量和社会关系能量等能量条构成。这种由能量条构成的能量组,依据社会行动者的不同,"能量"是有差异的。由此,体现出社会行动者能量的差异性,有的能量充沛,有的则能量不足。正如上述,社会能量的能指和所指是可以感知到的。能指和所指同时又构成新的能指,对应着社会能量的意指。正是因为社会能量意指的存在,本书在后续章节中得以继续探讨社会能量的整饰与管理。将社会能量视为某种符号态能量,这其实是将能量视为文化的某种形式,即作为文化的能量,可以从话语角度进行分析。

正如前述,这四种社会能量之间是较为相对独立的。当然,四者之间又相互联系和转化。符号能量或者说符号态的社会能量并非是物质态社会能量的直白反映,它既反映物质态的社会能量,又具有独立性。

社会能量	社会能量的符号态	社会符号能量	能量所指	能量条				能量组	新的能量能指	作为资源的社会能量	潜在资源	作为能力的社会能量	可行能力	作为文化的社会能量	内隐的
				社会物理能量	社会生理能量	社会心理能量	社会关系能量								
			能量能指					能量意指			显在资源		实际能力		外显的

社会物理能量	社会生理能量	社会心理能量	社会关系能量
社会能量的物质态			

社会能量生命周期										
吸收	增强	活化	宣泄	调节	消耗	消逝	交换	转化	管理	……

信息传播技术介入下社会能量场域	传播	赋能	创新	暴力	形象	依赖	死亡	礼物	劳动	规范	……
	作为生态/环境的信息传播技术										
	作为工具的信息传播技术										
	信息传播技术（ICTs）										

图 2 "信息传播技术与社会能量"的理论框架图

　　如前所述，"社会能量"指的是社会行动者充分利用所拥有的资源去做事情的能力。也就是说，社会能量既可以作为资源以一种潜能而存在，同时也可以作为能"力"而存在。无论是作为载能物质的资源/能"源"还是能"力"，都具有潜在和实际两种形式。此外，能量能够作为群体内成员共享的能量凝聚物，社会成员能够感知到，起到一种凝聚群体的作用，从这个意义上而言,社会能量作为文化形式而存在。作为文化的社会能量既是内隐的,又是外显的;既是理性的,强调了反思的力量,同时也是非理性的,具有情感的力量。

布迪厄的场域理论,也被研究者纳入能量的理论视野和框架建构之中,因为无论是在传播、交往、疾病、冲突、上瘾、死亡,还是创新、发展、交换、劳动等领域,其实都可以将其视为某种场域,在这种场域中,社会能量受到来自社会文化的约束和影响:作为能"力"的能量,能力受到场域因素的影响;能"源"也是受到场域因素的影响。对此,我们在前述探讨社会能量的社会性和结构能动双重性时已经探讨过,此处不再赘述。

如图2所示,在不同的场域中,本书着重强调和探讨社会能量生命周期的某个阶段,例如,在冲突或暴力场域中,本书着重探讨社会能量的宣泄释放,当然并不意味着在冲突暴力中,仅有社会能量的宣泄而已,实际上,在冲突暴力中,社会能量也蕴含着能量的管理、能量的转化等。

此外,尤为重要的是,在当下渐趋成型的智能社会,或者是媒介化社会中,信息传播技术在社会生活中扮演着重要的作用,信息传播技术的发展是当下社会的一个显著特征,数字社会的建设离不开信息传播技术的出现、发展与渗透。数字媒体/信息传播技术相对于传统媒体而言,在诸多方面具有其新颖特性。例如,其一,数字化,数字化的表达赋予了数字信息可编程性、可更改性,并让数字信息可以接受算法操作;其二,网络化,即其生产、传播和消费都是通过双向链接的基础设施实现的;其三,交互性;其四,超文本化/超媒介;其五,自动化。[①] 信息传播技术对社会的渗透或者说"信息传播技术 + 社会"的格局已然形成。信息传播技术在各种场域中,既作为技术工

---

① [英]文森特·米勒:《数字文化精粹》,晏青、江凌、姚志文编译,清华大学出版社,2017年,第3~8页。

具,同时也作为环境,信息传播技术的出现不仅使社会能量的变化带来了新的形式,同时也影响了社会能量的吸收、传递、释放、转化等价值链环节,对各种社会场域带来了新的气象、新的改变。因此,在本书中,我们着重探讨信息传播技术所带来的新的场域中的社会文化因素与社会能量的互动。

在上述"信息传播技术与社会能量"理论模型中,包括了双重结构性。一重是前述索绪尔意义上的包括能指、所指和意指的能量结构,由能指、所指和意指构成的能量结构,是受到不同能量场域的社会文化因素结构和影响的。一重是借鉴布迪厄的场域理论形成的,来自不同能量场域的社会文化因素对能量的各个生命周期环节的结构和影响。例如,有研究者从社会建构论的视角出发,认为社会文化建构了其社会成员思考和感受疾病与治疗的方式。"不同的社会阶层可能构建出不同的医学事实。"①

当然,如果我们的探讨仅限于此,那么显然会被认为是陷入偏于结构的窠臼,正是意识到这一点,在本书中,我们引入了吉登斯的结构化理论去解读社会能量。

在社会学中,结构与能动性是一对基本矛盾。许多研究围绕此对关系展开探讨。例如,社会行动者与结构或制度之间的关系,并不是僵化固定的关系,而是动态的,随着时代而变化的。在这个过程中,"个人的社会交往行为逐步地以个人主义的方式呈现出来,其结果是由个人导向的一个个互联的社会网络的形成"②。当然,吉登斯对"结构"的理解与此不尽相同,可以说,吉登斯对"结构"的理解更偏重于意识层面,是某种"虚拟秩序",作为

---

①　[美]罗伯特·汉:《疾病与治疗:人类学怎么看》,禾木译,东方出版社,2010年,第92～93页。

②　[美]李·雷尼、巴里·威尔曼:《超越孤独:移动互联网时代的生存之道》,杨伯溆、高崇等译,中国传媒大学出版社,2015年,"译者序"第1页。

"记忆痕迹,导引着具有认知能量的人类行动者的行为"①,因此,

> 吉登斯将结构与能动性视为一种两重性,吉登斯想法的核心,是一个肯定人类主体主动性和创造性的模型。吉登斯认为我们需要把结构视为某种存在于个人内部而非外部的事物。他坚持认为,机构与社会系统(我们往往将它们视为结构)归根结底只不过是反思活动的总体产物,而进行反思的是处于实际情况之中的真实的人。对吉登斯而言,结构是思维模式和记忆痕迹之中的一种虚拟存在,它使人有能力去行动,而不是仅仅起到限制的作用。他认为,结构包括人们在社会化过程中习得的规则和资源,大部分社会生活所围绕的都是日常生活中的实际行动,人们在行动中以反思的方式运用这些规则和资源。②

正如菲利普所言,对吉登斯而言,结构是思维模式和记忆痕迹之中的一种虚拟存在,包括人们在社会化过程中习得的规则和资源。人们在行动中以反思的方式运用这些规则和资源。

如前所述,社会能量是包含资源和能力的一体两面的型构。既包含潜在资源和可行能力,也包含显在资源和实际能力。依据吉登斯的结构化思想,社会能量同时具有约束和能动性。作为资源的社会能量具有约束性;作为能力的社会能量,就具有认知能力的社会行动者而言,则具有能动性。如此,社会能量不仅将微观与宏观勾连在一起,同时将主观与客观也串连在了一起。

---

① [英]安东尼·吉登斯:《社会的构成:结构化理论纲要》,李康、李猛译,中国人民大学出版社,2016年,第16页。
② [英]菲利普·史密斯:《文化理论——导论》,张鲲译,商务印书馆,2008年,第218页。

（二）作为解释框架的社会能量

虽然在媒体报道和日常语言中,我们会见到一些有关"能量"的使用,但整体上而言,这是一种"未经过组织的、未经过表达的一种认识"[①],不过,社会能量又并非"不能通过清晰的学说的形式来充分表述"。本书在此便是进行此种努力和尝试。笔者将会以一种相对较为综合的理论方法去分析和探讨社会能量。社会能量既是物质态的,也是文化态的。我们努力在书中尝试构建一种关于社会能量的新的理论框架,努力将能量的价值链与日常社会生活相对接,社会问题可以归结于能量问题,或者说可以用能量框架进行解释。这给我们观察和思考社会现象和社会问题提供了一种新的可供选择的理论工具,也体现出能量作为一个新的社会解释框架对社会现象和社会问题的解释力。

综上所述,通过结合现实案例的分析,我们旨在阐述社会行动者的社会能量在被各种社会场域中的结构性因素作用的同时,经过批判地反思,通过社会行动者的反思能动性,将包括潜在和显在在内的各种能"源"转换为包括可行能力和实际能力在内的各种能"力",从而既摆脱结构性因素的影响,同时也对场域产生影响。例如,社会行动者经过反思的能动性的介入,完全可以切断上瘾的链条,阻断导致能量的非正常消耗的恶性循环,从而有助于社会行动者能量状态的改善等。

---

① [加拿大]查尔斯·泰勒:《现代社会想象》,林曼红译,译林出版社,2014年,第20页。

第一编　社会能量的吸收

第一章 信息传播技术、传播与社会能量的吸收

　　研究显示,(社会)生理能量吸收不足,会给患者身体带来负面影响。例如,据媒体报道,一位少年在 14 岁的时候,就常常觉得自己疲惫、没精神头。到他 17 岁的时候,双眼只能勉强看到视力表上最大的图标,17 张测色盲的卡片只能读出来 8 张,中心视野缺失,视神经纤维损失。最终,少年被确诊为双眼营养不良性视神经病变。营养不良性视神经病变,顾名思义,是指因营养缺乏引起视神经变性而失去传导功能。病因主要是消化吸收不良、不良饮食、特殊药物的副作用,吸烟和饮酒能和这些因素在一起共同导致该疾病。目前已确定的致病机制主要是缺乏 B 族维生素,包括维生素 B1、B2、B3、B6、叶酸以及 B12,除此之外,还包括含硫氨基酸和铜的缺乏。病例中的少年表现出来的症状就很典型,他的主要问题就是挑食导致严重的营养不良,特指包括 B 族维生素、铜等多种微量营养素在内的营养缺乏。[1]

---

　　① 石正莉:《17 岁男孩离奇失明,竟是"挑食"惹的祸,绝不是危言耸听,快看看!》,腾讯网,https://new.qq.com/rain/a/20200604A0FN6C00。

这一案例指出了社会能量的吸收现象。当然,吸收在此是某种隐喻,指的是对社会能量的利用。无论是个体社会行动者的社会物理能量、生理能量、心理能量,抑或是关系能量、符号能量,如果缺乏能量,或者无法吸收社会能量,那么便会给自身带来问题。前述我们已经举了一个因社会生理能量吸收存在障碍导致身体出现问题的例子。每日人体所必须补充的食品等物质,在不断地被吸收为生理能量。在中国历史上,食品的输入,无论是从境外还是境内,无论是从西域输入中原,还是从中原向西域的输出,在历史上对当地的饮食结构也带来了影响。例如胡萝卜,从名称的命名上也可以看到它的外来属性。这些食物的输入,然后经过当地人民的改造,已经成为人们饮食结构的重要组成部分,对人们的生理能量带来了影响,同时也体现出了生理能量的社会性。当然,这种影响显然不能仅仅局限于社会生理能量层面,也包括社会能量的其他层面。

对此,学者蒋影明认为,"社会能量理论从根本上揭示了社会行为的本质,透视了人与社会关系的本质;社会行为可以被分析为两个过程,一是社会成员从社会吸收社会能量的过程;二是社会成员释放社会能量的过程"①。这一观点很有启发性,其正确指出了社会能量的吸收和释放过程,例如,上述案例便是社会能量吸收不足的一个表现。不过,这一观点也需要进一步细化,因为其并没有包括社会能量的交换、转化等过程,此外,还需要指出的是,在这种社会能量的吸收过程中,社会能量吸收的路径问题,信息传播技术对社会能量吸收路径的影响,以及社会行动者之间在社会能量吸收上的分层现象。而本章,笔者将会聚焦这些层面。

对于社会能量的吸收现象,我们可以将其分为两个层面:一种是单纯地对社会能量的吸收,这种吸收存在着年龄、性别、收入、社会地位等分层现

---

① 蒋影明:《能量社会学:在元理论阵地的登陆》,《学海》,1996 年第 4 期。

象;一种是自身能量被他人吸附(energy sucker)。例如,我们常常讲"读万卷书,行万里路",我们往往在读书和游学后,感受到能量的充盈,即便是在物质能量并不充足的情况下仍然如此。就像前述颜回"箪食壶饮",却"不改其乐"。这是一种个体社会行动者吸收能量后的状态。但有时,我们在工作中却常常感到"身体被掏空",感受到社会能量的消耗,这其实也是一种社会能量的吸收,只不过是从另外一个角度,个体社会行动者的社会能量被其他行动者吸附的现象。我们在本章中将从这两个层面分别探讨信息传播技术介入下传播与社会能量吸收现象。

一、信息传播技术、传播与社会能量的吸收

总体上而言,社会能量的吸收涉及多种渠道,研究者在此着重从传播的角度来探讨,尤其是探讨在信息传播技术影响背景下,传播对社会能量吸收的影响。

"传播"一词是对英文 communication 的意译,英文 communication 有交流、沟通、交通、通讯、传播等多个含义,涉及单向和双向的信息传播,[①]在此,我们从传播学角度,将 communication 翻译为"传播"。虽然对"传播"一词有多种理解,我们在此将传播视为某种双向的信息传播,包括对话等形式。此外,如果从社会能量吸收的角度而言,因传播而构建的社会关系也应该纳入研究者的视野中。显然,信息传播技术对传播带来了显著的影响,根据前面章节中"信息传播技术与社会能量"理论框架图,信息传播技术的影响可以从作为工具的信息传播技术和作为生态/环境的信息传播技术两个层面来

---

① ［美］约翰·费斯克等:《关键概念:传播与文化研究辞典》,李彬译注,新华出版社,2004 年,第 45～46 页。

进行探讨。如此,我们便得到了一个框架(见表3)。

表3 "信息传播技术、传播与社会能量的吸收"框架

		社会能量的吸收		
信息传播技术	作为工具的 ICT		作为单向/双向的信息传播过程	传播
	作为生态/环境的 ICT		因传播而构建起的社会关系	

(一)作为工具的 ICT、作为单向/双向的信息传播过程的传播与社会能量的吸收

此处,为了简便起见,笔者以"对话"代替"作为双向的信息传播过程的传播"。对于社会心理能量而言,对话被认为是一种有效的能量吸收方式。此处,对话包括冥想(与自我对话)、与前人对话、与他人对话等。而信息传播技术的出现以及日益渗透,在这三个方面,也通过给对话带来了新的形式,从而进一步影响了社会能量的吸收渠道。

第一,自我对话:冥想。

这是一种自我的内在对话,即在与自我的对话中获取社会能量。一个人独处,"饥来吃饭困来眠",达到社会能量的平衡。当然,一个人独处,往往并不意味着孤独,在一个人独处的时候,可以"和自己玩",通过冥想的方式,与自己对话,与想象的人对话,在这种虚拟的对话中,感受到能量的吸收,重新回到能量充盈的状态。即便信息传播技术出现后,这种自我对话的方式仍然保留着,只是从作为工具的 ICT 角度,这种自我对话也出现了新的形式。例如,社会机器人的出现,有研究者认为,人们将社会机器人视为第二

自我。①

第二,与前人的对话。

对于社会行动者而言,这也是社会能量的吸收路径。与前人的对话,包括学习、接受教育等,这些都属于社会能量吸收的路径。知识就像食品一般,社会行动者通过学习、接受教育等方式不断地接收作为能“源”的知识能量。当然,在对话、学习、接受教育中,其实也伴随着能量的消耗过程。正如朱熹《春日》中所描绘的:“胜日寻芳泗水滨,无边光景一时新。等闲识得东风面,万紫千红总是春。”他以生动形象的比喻,深入浅出地道出了为学的心得。在追求新知中,使人觉得满目春光,如置身其中,充满能量感。作为工具的 ICT 的出现,更是丰富了“与前人对话”这种社会能量吸收的渠道。在线教育,各种开源软件的出现等,使得能量吸收的途径更为丰富,使得接受学习不再只是通过传统的模式。

第三,与他人对话。

当然,上述只是对一部分社会行动者而言,而对有的人而言,他们则需要在现实的社会关系中,通过与他人的实际互动收获社会能量。作为工具的 ICT 也方便了社会行动者与他人对话。微信、微博、YouTube、Twitter 等各种不同的社会化媒体,使得与他人对话超越了自身的物理生理限制,极大地拓展了社会能量吸收的渠道。

如上所述,社会行动者能够通过自我对话和内省,与前人对话以及与他人对话等方式吸收社会能量。当然,这种情况又因不同类型的人而有不同,恐怕要区分社会行动者是内向者还是外向者类型。内向性格的人往往更多地从自观自省中获得能量,或者意识到能量的提升;而外向的人往往在从与

---

① Elizabeth Broadbent, Interactions With Robots: The Truths We Reveal About Ourselves, *Annual Review of Psychology*, Vol. 68, 2016, pp. 627 – 652.

他人的对话交流中获取能量,感知到自身社会能量的提升。在《内向者优势》中,书中提及内向者获得精力的方式是独处,外向者获得精力的方式是交流。

信息传播技术的出现极大方便了社会行动者与他人的社会联系,这种作为工具的信息传播技术,后面将要提及,虽然拓展了社会行动者的社会关系网络,拓展了社会行动者社会能量的吸收来源范围,但是对部分社会行动者而言,这种拓展恰恰是影响了社会行动者的内部自我对话,从而影响了社会行动者社会能量的吸收。因此在这个层面,我们需要对信息传播技术的影响进行辩证地看待。

(二)作为环境的ICT、因传播而构建起的社会关系与社会能量的吸收

正如前述,社会行动者往往通过传播而构建起各种相对稳定的社会关系。社会行动者通过不断构建各种社会关系,在各种社会关系中吸收社会能量。在此,社会关系既是社会行动者通过社会行动而构建的结果,同时也作为社会行动者吸收社会能量的语境。社会行动者在社会关系中感知到自身从其他社会行动者或者关系网络中吸收社会能量,或者自身的社会能量被别人吸收。而信息传播技术作为某种生态/环境,给这种构建起的社会关系带来了不同的样貌,从而给社会能量的吸收也带来了不同。当然,这种社会关系既可以是现实关系,也可以是虚拟的社会关系。社会关系的对象既可以是某个实在的社会行动者,也可以是虚构的社会行动者。总之,社会行动者能够在与这些社会行动者的关系中获取能量,当然,也会消耗能量,我们在此暂且不论,先着重探讨社会行动者从各种社会关系中获取社会能量。

1. 亲密关系中的社会能量的吸收

家庭关系、伴侣关系等都属于亲密关系。但是亲密关系往往随着社会的变化,也在发生着变化,例如,现在亲密关系中的暴力,社会行动者在亲密关系中往往最容易受到伤害,感受到无论生理能量,还是心理能量,抑或是

社会能量的损耗,逃离亲密关系,不愿触碰,以至于单身社会的兴起都在印证着人们对亲密关系的认知、态度和行为上的变化。需要指出的是,这并不是绝对的,社会行动者/社会因素等是能产生影响的变量。对于有的社会行动者而言,亲密关系确实能够带来社会能量的吸收。在此,亲密关系成为社会能量吸收的场域。例如,蜜月中的夫妻,热恋中的伴侣等,犹如欧阳修在《生查子·元夕》中所写:"去年元夜时,花节灯如昼。月上柳梢头,人约黄昏后。今年元夜时,月与灯依旧。不见去年人,泪湿春衫袖。"我们从中可以看到有情人从亲密关系中吸收社会能量,感受到能量的变化。

是否拥有亲密关系以及亲密关系质量的好坏,都会对社会行动者的社会能量产生很大影响。有研究表明,婚姻中愤怒和指责的一方以及近期离婚的人,相对于亲密关系幸福的人而言,更容易患高血压以及免疫功能衰退。且酗酒、暴食、厌食以及其他神经症等病状也更容易发生在缺少良好亲密关系的社会行动者身上。[1] 如上,我们可以看到,在亲密关系中,亲密关系的质量对社会能量的吸收产生影响。亲密关系并不必然带来社会能量的提升。亲密关系质量高的社会行动者,能够增添自身的社会能量;而亲密关系质量较低的社会行动者,则会感知到自身社会能量的消耗,包括社会生理能量、心理能量、关系能量的消耗。

那么,亲密关系如何吸收社会能量呢? 其中的吸收机制是什么呢? 婚姻、恋爱关系中的分享与自我表露行为对关系质量也有重要的影响。伴侣间的自我表露越多,他们的婚姻或恋情往往会越幸福。[2]

信息传播技术的出现,对于亲密关系尤其是两地相隔的亲密关系中的社会能量吸收多有影响。在这种两地相隔的亲密关系中,常常伴随着对另

---

①② 隗晶林、王希华:《成人亲密关系质量的影响因素研究综述》,《漳州师范学院学报(哲学社会科学版)》,2012 年第 2 期。

一半的思念。在这种亲密关系中,借助信息传播技术,有助于社会能量的吸收,从而增进这种亲密关系。例如,粉丝可以通过微博等社交媒体与明星取得联系,两者之间的距离也越来越近,甚至变成一种"拟态的亲密关系"①。

当然,因传播而构建起的社会关系场域并不总是有利于社会能量吸收的,冲突,无论是何种原因引发的亲密关系中的冲突,便是一种对社会能量的消耗。萨特认为我与他人总是处在互为对象化的纠缠和矛盾之中。他说:"冲突是为他的存在的原初意义。"我和他人的冲突不是你死我活的决斗,而是若即若离的"悲欢离合"。两者的冲突主要也不表现为现实的利害冲突,它更多地表现为意识和情感上的不适和困扰。②

此外,我们需要注意的是,在这种亲密关系中,社会能量的吸收并不是均等的。在家庭关系中,社会行动者所能感知到的社会能量是不一样的,有的社会行动者能够从这种家庭关系结构中获取某种社会能量,而有的家庭社会行动者则会明显地感知到社会能量的损耗。由此,也带来了家庭关系在社会能量结构上的差异。法国社会学者让·凯勒阿尔研究了这种现象,他认为,在家庭成员关系中,有关家庭权利的研究常常单独研究夫妇双方的权利和能量,而其他方面(如父母、手足之间的权利和能量)被大大忽视了。事实上,它们也决定了夫妇间权利和能量的形式。③ 例如,在中国的家庭关系中,由于生活的压力等,已婚子女常常与父母一起生活,在这种家庭关系中,家庭能量的结构往往是不平衡的,原先夫妻的一方反而感受到了边缘化,感受到了能量结构的不平衡。这种家庭能量结构的失衡常伴生家庭关系的不和谐。

---

① 任其:《新媒:社交媒体让中国粉丝与艺人"权力反转"》,海外网,https://mbd. baidu. com/newspage/data/landingshare?pageType = 1&isBdboxFrom = 1&context = %7B%22nid%22%3A%22news_10052728306137898820%22%2C%22sourceFrom%22%3A%22bjh%22%7D。
② 赵敦华:《现代西方哲学新编》,北京大学出版社,2001 年,第 124 页。
③ [法]让·凯勒阿尔等:《家庭微观社会学》,顾西兰译,商务印书馆,1998 年,第 63 页。

2.与人类智能的关系

除了亲密关系之外,个体社会行动者也能从其他社会关系网络吸收社会能量。人工智能体的出现,使得社会关系/社会结构发生了某些变化,从传统的人—人关系,增添了人—机的关系维度,因此社会关系结构的变化,也需要我们考虑给社会能量吸收所带来的影响。例如,据报道,法国人 Lilly 制作了一个机器人。她非常喜欢这个机器人,希望未来能够与之结婚形成稳定的符合法律的婚姻关系。谈到与智能助手的关系,一位学生在自我报告中分享道:

> 一般下了课,或者在晚上无聊的时候,我会对着小爱同学说:"来一个笑话",它就开始说各种各样的笑话,完事了还反问一句"这笑话讲得咋样?"当我无聊的时候,点开它,即使是在嘈杂的环境中,依旧可以辨别出我的声音。同时,最近的天气有时候很冷,它也会提醒注意保暖措施。除此之外,有时候还能给予人一种被需求感,有时候发一句"在?"回给我一句"你说",还有很多时候都会自己说一句"会等你回来"。这让我感觉到,我少了一些孤独。①

由上,从这位学生的自我报告中,我们可以看到他在与智能助手的关系中吸收了社会能量,尤其是在自己无聊无助的时候,跟智能助手在一起让其"少了一些孤独"。

3.社会关系网络:社会能量吸收的重要渠道

(1)社会关系网络的重要性

除了上述人与人之间,人与机器人之间的关系之外,社会行动者通过传

---

① 杨佳航:《智能助手——我们未来的帮手》,课程作业,北京邮电大学,2019 年。

播沟通而构建起的多样化的社会关系网络也是其社会能量吸收的重要渠道。英国社会学者伊恩·伯基特认为："没有什么自我独居一隅,个个都存在于关系构造中,现在的复杂程度更是前所未有。无论长幼、男女、贫富,人总归处在特定沟通渠道的'节点'上,不管这些节点可能多么不起眼。或者更准确地说,人始终在往来聚散各种邮件的邮局里。"①后现代思想强调个人身份/认同在社会层面上相互关联的性质,从而凸显了自我的社会建构过程,进而将焦点从孤零自处的社会行动者转向了各种关系。由此,我们可以重新定位启蒙思想的焦点,使其不再聚焦于先验主体,因为我们"可以用'我交故我在'来取代笛卡尔的名言'我思故我在',因为要是没有协调的沟通之举,根本就不能表达出任何'我'"②。

社会网络分析通过将个人看作点,将人与人之间的关系看作连线的方式从而试图说明社会互动关系的构成。例如,关于社会网络的实证研究显示,对于北美城市中的"典型的"城市人来说,其在社会网络互动中可能的联系数为1500,而实际网络中的平均联系数只有大约400。大部分人的网络都是松散或适度联结的,任何一个人的网络中只有不到一半的人是不通过他(她)而彼此认识。任何一个人都有可能同时属于几个不同且不重叠的社会网络,并且这些网络中的每一个都可能具有不同的特征:有些有空间边界而有些则没有;有些可能是树状结构,而另一些则是网状结构,含有相互关联的联系、集群、节点或子图。③

研究显示,社会网络视角非常重要。因为,

---

① [英]伊恩·伯基特:《社会性自我:自我与社会面面观》,李康译,北京大学出版社,2012年,第207页。
② 同上,第209页。
③ [美]保罗·诺克斯、史蒂文·平奇:《城市社会地理学导论》,柴彦威、张景秋译,商务印书馆,2005年,第198页。

网络的本质属性也可以与幸福以及其他情感状态相关联。社会科学家尼古拉斯·克里斯塔基斯（Nicholas Christakis）和詹姆士·福勒（James Fowler）所做的研究显示，在弗雷明汉（马萨诸塞州）心脏研究的参与者中，当他们与快乐的人保持紧密的联系时，有15%的可能性会更加高兴。这个看起来好像是快乐的人总是在寻找快乐的人。假如某个人是快乐的，这个人的朋友也是快乐的，那么第二个人即朋友的朋友就有额外的10%的可能性是快乐的，甚至朋友的朋友的朋友是更加快乐的。此时，自然属性便开始生效了。与此对照的是，假如一个人是消沉的，那么他们的朋友也很有可能是情绪低沉的。

克里斯塔基斯和福勒另外还发现了一些网络现象，朋友们之间在吸烟、肥胖和饮酒方面具有相似性。这些相似性也许会引导你认为同病相怜，然而针对历时性的变迁的分析则认为是同伴喜爱悲伤或幸福。因此，幸福、不幸以及肥胖是可以借助传染、同质性（相似的人们互相结为朋友）以及分享相似的环境因素，例如贫穷或普遍总体的快乐环境而扩散的。正如克里斯塔基斯的同事达蒙·森特拉（Damon Centola）发现的那样，这个也许是因为多重邻居强化了健康行为，而这又通过网络子群之间的桥扩散出去。①

不管是好还是坏，移动超级链接意味着人们不用再独自行走或独自坐立。他们是网络化的个人。人们会不时地使用手机联系他人，为的是向周围的人展示他们拥有朋友、不是孤独的失败者。他们可能身体上独自一人，但社交上并不孤单。因此，手机既能把人解放出来，又能让人安心自在。②

---

① ［美］李·雷尼、巴里·威尔曼：《超越孤独：移动互联网时代的生存之道》，杨伯溆、高崇等译，中国传媒大学出版社，2015年，第36页。
② 同上，第83页。

这些研究成果向我们展示了社会关系网络的重要性,尤其是作为社会能量吸收的渠道方面。

(2)社会关系网络作为社会能量吸收的重要渠道

因此,基本上社会中的社会行动者都会因传播而构建起多种不同的社会关系。规模有大有小,性质上有亲有疏,有朋友,有亲戚,有家人等。人们"生活在一个自己织就的网络中,那就是亲族网络。你的身份和地位并非取决于你的国家,而是取决于与你有关系的人。为了弥补所居社会空间的日益扁平化,家庭通过融入更大的亲族网络、共享更多的资源,来增强自己的实力"①。"父系亲属关系赋予你出身身份,而姻亲关系——由通婚产生的亲属关系——将你与家门之外的世界连接起来。你的姻亲给你带来了配偶、邻里、朋友和生意伙伴。他们是连通一个父系宗族'孤岛'之间的管道。②如此,社会行动者通过合法、不合法的各种方式构建起一张社会关系网络,并通过网络寻求获得做事情的资源。

中国著名小说《水浒传》中描写的就是一张社会关系网络。在这张社会关系网络中,每个网络中的社会行动者都能感知到社会能量,从社会能量的视角观之,这其实也是社会行动者的一个社会能量的关系网络。又如,在"我爸是李刚"这个悲剧性案例中,李某之所以在超速撞伤撞死人之后,仍然态度冷漠嚣张,这种与其年龄不太相称的能量,来自他的家庭社会关系。正是这种社会关系,为其自身增加了社会能量值。因此,我们从这些社会案例中可以看到,社会能量的一个重要吸收的渠道便是社会关系网络。

有研究者曾经对微信朋友圈中的"微商"现象进行了研究。"大学生微商"在微信朋友圈销售商品,除了会对原有朋友关系产生负面影响外,也会

①② [加拿大]卜正民:《挣扎的帝国:元与明》,潘玮琳译,中信出版社,2016 年,第 130 ~ 131 页。

有正面的影响,比如说可以增进与朋友之间的互动,因为买卖关系同样也是一种互动的渠道。例如,SXH 在访谈中提道:

> 你在朋友圈经营这个东西,跟一些同学的互动会增加。有可能他们想要买你的鞋,就会跟你有一些沟通什么的,你们之间的关系会因此而拉近。但是,或者你成功地卖给她一双鞋,达成一笔交易,她对这件商品特别满意,然后可能下一次还会找你来购买。然后一次又一次,你们不只是因为这种商业方面的关系而走近,你们私下的关系也可能因此而变得更好。这是对关系的促进方面。(SXH－20141218)

显然,"大学生微商"为了通过其朋友圈销售商品,便要努力地去维护和扩大其朋友圈,这成为他们所采取的一种投资获益型目的的活动。因此,维护和扩大朋友圈便带有一些功利性目的。大学生的微商行为是非常典型的将经济活动嵌入在社会关系或社会网络中。[1]

(3)社会关系网络的构建途径

社会能量的困顿也能够使社会行动者陷入困境,尤其是在前信息传播技术时代,社会行动者的社会关系网络往往是以线下的形式出现,贫瘠的社会关系,使得社会行动者在面临需要往往更多地体验到某种无助感。所谓"一分钱难倒英雄汉",便指的是社会能量的匮乏。但是信息传播技术革命的出现,在社会行动者的努力和能量的付出下,构建起社会行动者的社会关系网络,同时也拓展了自身的社会能量网络。

首先,社会关系网络需要个体社会行动者主动地去构建。中国的餐桌

---

[1]　高崇、李敏:《做生意和做朋友:"大学生微商"在互联网经济中的关系变迁》,《新闻界》,2016 年第 6 期。

文化,或者说"吃饭文化",社会行动者通过组织饭局,借助饭局构建起一个社会关系网络,从这种礼仪式的互动交流中,某些社会行动者获得社会能量支持。社会能量"作为社会投资的策略的产物,它是通过交换活动而实现的……这些交换,借助于某种炼金术之类的手段,能够转变那些交换物以示确认"①。

相对于这种传统的社会关系网络构建的路径,借助信息传播技术,社会行动者有了新的路径去构建社会关系网络。社会行动者可以通过"加关注"拓展和强化了社会行动者的社会能量。在现实空间,鲍曼曾言,"陌生人的相遇是一件没有过去的事情,而且多半也是没有将来的事情(它被认为是,并被相信是一个摆脱了将来的事情),是一段非常确切的'不会持续下去的'往事,是一个一次性的突然而至的相遇"②。但是在社交媒体交往世界中,陌生人的相遇既可以是短暂碰触但又迅疾断开,也可以借由兴趣的吸引从而结为相对稳定的全新社会关系。对于社会行动者用户而言,社交媒体提供了一个拓展自身社会交往范围从而强化了社会行动者的社会能量的有利平台。例如,在微博上,一个简单的"加关注"便成功地与被关注者取得了联系,即使这种联系只是一种"弱关联"。但此举一方面能够使得关注者寻得一个学习的对象,同时,如果通过自身的不断努力,能够获得这些人的"互粉"或者注意,则能够拓展和强化自身的社会能量。③

其次,社会行动者通过众筹的方式构建社会关系网络从而从所构建的社会关系网络中吸收社会能量。对于社会行动者包括组织而言,"众筹"是获取社会能量的一种方式。从社会能量的视角观之,众筹其实筹集的也是一种社会能量,包括能"源"和能"力",能够帮助社会行动者完成某项特定的

---

① 高宣扬:《当代社会理论》,中国人民大学出版社,2017 年,第 829 页。
② [英]齐格蒙特·鲍曼:《流动的现代性》,欧阳景根译,上海三联书店,2002 年,第 148 页。
③ 高崇、李敏:《论社交媒体交往的特征及教育意义》,《青年记者》,2014 年第 13 期。

工作或任务。因此,众筹可谓是社会能量获取和吸收的一个重要路径。例如,在案例《"新闻众筹"的中国实验》中,巫将筹款目标设定为 1000 元,主要用来采访交通费及社交费。① 在这个案例中,巫借助众筹平台获得了后续开展采访活动所必需的交通费和社交费。再如,据报道,在国内一些科技公司纷纷推出网络互助平台,在这些平台中,用户规模可达 1000 万,用户每月只需支付较少费用,一旦罹患重疾,就能获得最高达 30 万元的救助。②

最后,社会行动者通过直播的方式构建社会关系网络从而从所构建的社会关系网络中吸收社会能量。据媒体报道,随着各地政府加大对直播经济的扶持力度,某知名带货主播作为特殊人才,已经成功落户到上海。从这个案例中,我们可以看到,这些成功的网络主播,尤其是活跃在各大电商平台的"带货主播",借助新兴一代的信息传播技术,打造了社会关系网络,并且从这一社会关系网络中吸收社会能量。

(三)信息传播技术、社会能量吸收与分层

我们论及了信息传播在技术介入下,社会能量获取和吸收的渠道和路径。值得进一步注意的是,社会行动者对社会能量的获取和吸收并不是均等的,明显存在着分层现象。在当今社会中,我们已知的几乎所有社会都存在着某种类型的分层现象,不同的社会行动者或者家庭占有的权力、声望或其他一些有价值的资源是不同的,有的社会行动者或者家庭总是过多地占有着资源。不同的研究者针对这种现象进行过大量研究,尤其是对于为分层体系提供基础的一些资产、资源和有价事物的类型进行了研究,③如上所述,人们通常依据诸多标准作为划分社会分层的标准。研究者发现,社会能

---

① 《"新闻众筹"的中国实验》,传媒圈,http://biz.jrj.com.cn/2014/03/17081416875362.shtml。
② 《外媒点赞中国网络互助:填补中国低收入人群的医疗缺口》,中国日报网,https://mbd. baidu.com/newspage/data/landingshare? pageType = 1&isBdboxFrom = 1&context = % 7B% 22nid% 22% 3A% 22news_8845782138441451506% 22% 2C% 22sourceFrom% 22% 3A% 22bjh% 22% 7D。
③ [美]戴维·格伦斯基:《社会分层》,王俊译,华夏出版社,2005 年,第 2~3 页。

量的吸收也存在着分层现象。

1. 信息传播技术、社会能量吸收与年龄差异

在信息传播技术介入背景下,是否能够充分利用由信息传播技术所构建的幅度上更为宽广的社会关系网络的社会能量,要视社会行动者自身信息传播技术素养而异。不同年龄的社会行动者在认知、寻找、使用等方面存在素养的差异。美国人类学家玛格丽特·米德曾经从文化传递的角度将人类文化从古至今划分为"前喻文化""并喻文化""后喻文化"三类。传统社会的代际交往是以"前喻文化"为主导的交往方式,老年人往往是年轻人学习的楷模,现代社会的代际交往则越来越具有米德所谓的"后喻文化"特征。后喻文化,其实指的便是年轻一代对年老一代的文化反哺,这种反哺恰是能量的反馈。

米德认为,文化模式发生如此巨大的改变,是由于科学技术的革新和社会制度的更迭导致的。例如,互联网是当今世界最庞大的信息资源库,农民在理论上可以从互联网上获得更多更准确的致富信息,通过搜集广泛的致富信息,农民可以根据自身的能力从中选择合适的致富信息来增加自己的收入,改善生活。但网络对使用者的受教育程度、技术使用能力等都提出了较高的要求,显然这对于核心家庭内的父代而言,是一种严峻的考验。因此,许多农民被排斥在网络的海量信息之外。而农村青年在此方面则具有相对的技术和知识优势。农民上网年龄结构严重偏于年轻化,农村上网的主力军是学生,这将使许多农民不得不依赖学生来获取互联网信息。[1]

父代有意或无意地通过子代习得了一些网络知识,并且通过网络获得一些信息,学者周晓红将这种"在社会急剧变迁的时代,年长者向年轻者进

---

[1] 高崇、王德海等:《新媒体语境下转型社区农村青年的代际交往》,《中国青年政治学院学报》,2012 年第 2 期。

行广泛的文化吸收过程解释为'文化反哺'现象"。首先,这种反哺体现在对父母新媒体技能的传授上,例如,来自 MY 的 ZJQ 便提到,"因为父母打字都比较慢,不太方便,用视频语音就方便得多,父母用微信等软件也不太熟练,但是平时也有在教他们怎么操作之类的。"对此,同样来自 MY 的 QJQ 也表示认同,"毕竟有的时候视频不太方便,比如说上课的时候,之后也会教他们打字什么的让他们能用得越来越方便。"除了这种对打字等技能的传授之外,子辈还会更宽泛地教他们的父母如何使用智能手机,例如,来自 DX 的 XR 提及,"我现在就在教他们使用微信,因为现在大家都用智能手机,以前他们都用非智能手机,只能打电话发短信,现在一直在教他们智能手机怎么用,而且我觉得以后在生活这方面包括代际交往这方面新媒体都会使用的越来越多。"

其次,这种文化反哺也体现在对父母新媒体素养的提升上。这又可以包括两个方面,一个是对新媒体文化的理解上,例如,来自 YQ 的 WX 就曾经给自己的父母普及关于微信表情的意义,以帮助父母更好地、更充分地使用微信这一新型应用工具,"虽然打电话也很方便,但是微信更方便啊！我也经常教父母一些网络语之类的表情符号,比如咱们的微信里微笑的那个表情,还有'呵呵'。"另一方面,面对新媒体信息鱼龙混杂,良莠不齐,子辈能够帮助父母去辨识真伪,提升其新媒体文化素养,例如,"父母那个年代很多东西和我们不一样,在微信上有些推送,传播虚假消息,但是父母有时候就会信以为真,他们会把一些他们认为有道理的但是实则没道理的东西灌输给我,让我这样做。

数字时代需要用户具有数字素养。正如威尔曼所言,网络化的个人通过数字能力从而建立起广大的、多样的网络,当他们需要的时候,可以接近并使用这些网络。他们掌握一系列新的素养,以驾驭新的网络操作系统。[①]
虽然大多数人都能使用互联网,但许多人不能够有效利用互联网,缺乏社会
学家艾斯特·赫吉塔(Eszter Hargittai)所说的"数字技术"和分析师霍华
德·莱恩格尔德(Howard Rheingold)所说的"互联网素养"和"网络智能"。
这就是新型的数字鸿沟——互联网使用的技术差异能够加剧社会的不平
等。目前,收入和教育水平与互联网使用技术之间存在着联系。另外,那些
网络技术娴熟的人更有可能找到好工作。他们更善于利用互联网搜索政
治、财经、公司、政府部门方面的信息。因此,他们更明白自己能在网上找到
何种信息、去哪儿找、如何评估及有效利用这些信息。[②]

2. 信息传播技术、社会能量吸收与群体差异

社会化媒体对农村家庭、邻里、社区的交往行为产生了重大影响,通过
对苏南农村的调研访谈,我们将当前乡村初级群体的关系结构概括为"核心
坚挺,外围塌陷"。邻里(含亲属)之间的仪式性或非仪式性交往,正在被各
种各样的"群"与"圈"所替代,社会化媒体虽然能在短期内缓解拆村建居农
民的孤独感,但是从长期来看很难维持乡村初级群体的情感,尤其是年轻
人,更趋向于城市化的外围结构,邻里必然被"熟悉的陌生人"所取代。[③] 由
此可见,信息传播技术对于不同群体的社会能量吸收有着不同的影响。

3. 信息传播技术、社会能量吸收与社会阶层差异

例如,据媒体报道,一些东南亚国家的人喜欢吃方便面等廉价现代食
品,这被认为严重危害身体健康,尤其是会导致儿童体重过轻或过重。对

---

① [美]李·雷尼、巴里·威尔曼:《超越孤独:移动互联网时代的生存之道》,杨伯溆、高崇等
译,中国传媒大学出版社,2015 年,第 221 ~ 223 页。
② 同上,第 66 页。
③ 卫欣、张卫:《社会化媒体视域下乡村初级群体的交往行为研究》,《南京社会科学》,2017 年
第 9 期。

此,专家慕敦加表示,这主要是父母贪图方便省钱造成的。[①] 再如,查尔斯·沃斯认识到罗瑟勒姆工人阶级面临的问题:

> 劳力失去了生发源泉,使人们变得如此易受伤害,乃至于他们深陷贫困化的标识就刻在身体上,呈现为古怪,呈现为病弱。大批的身体四下弥散,毫无价值,就等着被清理或运送,照料或挖掘,修理或清除。[②]

如上述,查尔斯·沃斯指出了工人阶层在失去工作,劳力或者能量失去了来源,从而表现在社会生理能量、心理能量以及社会关系能量上的衰落景象。又如,辍学对儿童社会化的影响,其实也体现了缺乏社会符号能量的吸收给其带来的负面影响。无论是社会物理能量、社会生理能量、社会心理能量的吸收,还是社会关系能量的吸收,都是如此。不同的社会群体对能量的吸收有着不同的表现。例如,在数字时代,老年群体明显处于能量吸收的不利地位。此外,分层往往意味着权力和地位的不平等,这种不平等的社会关系对能量吸收也带来了新的挑战。

显然,社会分层可以作为我们观察和思考社会能量吸收现象的一个有益视角。不过,从另一面而言,这也使得社会能量作为社会分层的一个标准成为可能。即作为资源的能量和作为能力的能量也可以作为社会分层的一个标准。因为不同的个体,所拥有的能"源"有多有少,所持有的能"力"有大有小,整体能量水平有高有低。例如,就社会生理能量而言,身体有高矮胖瘦等差异,尤其是身体的管理其实涉及我们后面将要涉及的社会能量的管

---

① 《专家:菲印马三国人爱吃快餐 大量儿童营养不良》,中国新闻网,https://www.sohu.com/a/347851032_123753。
② [英]伊恩·伯基特:《社会性自我:自我与社会面面观》,李康译,北京大学出版社,2012年,第196页。

理问题,身体作为社会能量管理的后果的一种表现,成为社会分层的一个表征。

二、信息传播技术、传播与社会能量的吸附

吸附通常被认为是指固体或液体表面对气体或溶质的吸着现象。如活性炭对气体的吸附,这首先是关于物理能量领域的,后来人们逐渐在社会领域使用这个概念,用来指社会行动者对其他社会行动者能量的单向能量吸收,表征出一种不平等的关系。即同样是能量的吸收,但是我们在此用了含义有差异的"吸附",这个概念本身便指出了能量吸收的不平等现象。在此,笔者将其应用在传播这个社会场域中,用来指涉无论是在微观的信息传播过程,还是在较为宏观的社会关系层面所出现的不平等的社会能量吸收的现象。

表4 "信息传播技术、传播与社会能量的吸附"框架

		社会能量的吸附		
信息传播技术	作为工具的ICTs		作为单向/双向的信息传播过程	传播
	作为生态/环境的ICTs		因传播而构建起的社会关系	

(一)作为工具的 ICTs、作为单向/双向的信息传播过程与社会能量的吸附

基于上述对"吸附"的理解,社会中存在多种社会能量的吸附现象。例如,国家现在出台京津冀协同发展战略,便是希望避免出现所谓的"虹吸"效应,希望从根本上改变在京津冀地区发展中,某个城市一枝独秀的局面。如果从社会能量的视角观之,这便是对能量吸附的警醒和积极应对。

　　显然,从传播的角度来看,社会能量的吸附更多地是属于单向的信息传播过程,即一方或短暂或持续,或大或小地吸取另一方的社会能量。而这种社会能量吸附的后果,便是被吸附的一方社会能量的持续丧失,或者社会能量丧失的速度要大于自身社会能量吸收的速度,从而导致自身社会能量变弱。因为"吸收我的能量,偷走我的时间,让我看起来很弱"①。

　　1.个人层面社会能量的吸附

　　即在个体与个体社会互动的过程中,某些个体对另一些个体的社会能量的吸附现象。例如,如果从社会能量的视角来重新审视所谓的"PUA",那么,PUA 实质上是一种对他人社会能量的吸附。在现实中,已有多起这种案例发生。如果从社会能量的视角观之,事件受害人在整个与对方的交往中,更多的是一种单向的社会能量的输出,被吸附了,身体、钱财、精神、关系等我们在本书中所定义的社会生理能量、社会心理能量、社会关系能量等都被吸附了,从而给其自身带来较为严重的伤害。由此,社会能量给我们思考"PUA"现象提供了一个新的视角。对于某些个体而言,这种在单向传播中的不愉快体验往往带来的是社交恐惧。如果从社会能量的视角观之,社交恐惧其实是一种对自身能量被吸附的恐惧,或者说自身能量不足的恐惧。

　　在信息传播技术的背景下,这种社会能量的吸附现象似乎在程度上更为加深了,如前所述,社会能量是可以被传输的,鉴于网络的即时性和泛在性,以及超越时空距离的特性,这使得社会行动者能够时时感受到来自能量中心的吸附,工作和休闲难以有明显的区分,从而不断地消耗社会行动者的能量,使得社会行动者感受到身体能量的透支,感受到疲惫。这也是一种我们前述所谓的能量的社会性的表现之一。例如,《感觉身体被掏空》歌词中演绎的故事,一个员工收到来自老板的一条微信,便让自己处在一种紧张的

---

　　① 《能量吸附剂》,豆瓣网,https://www.douban.com/note/638911473/。

工作状态,因为经常被要求加班,自己感觉身体被掏空……从歌词中,我们可以看到,在信息传播技术即时性和泛在性的作用下,从业者个体的社会能量持续不断地被吸附,从而带来被能量吸附的个体感到疲惫的现象。

2. 组织层面社会能量的吸附

如果说,上述侧重于观察和探讨来自其他个体对某些个体社会能量的吸附现象,那么此处我们将从组织层面探讨社会能量的吸附现象。例如,邪教组织"门徒会"对其成员的控制。我们可以看到,邪教组织"门徒会"壮大的一个重要方式便是不断吸附成员的社会能量,使其为组织的壮大服务,借助他们的能量来去扩充新的组织成员。

尤其是在作为工具的信息传播技术即时性和泛在化介入的背景之下,这种来自组织的社会能量吸附现象尤应引起我们的关注。例如,亚马逊于2016年递交申请后被批准的手环专利。这个超声波手环是用来做什么的呢?亚马逊声称该系统可简化仓储的耗时任务,在手环的指导下,员工能在收到订单的同时快速完成打包与交付流程。有的国外媒体认为亚马逊开发这样的技术等于职场监视器,把员工当成机器人。根据前亚马逊仓储员工表示,在亚马逊仓库工作的人一小时要处理几百件货品几秒就要处理一件,没有达到目标的话就会被解雇,由于工作强度太高,导致人员流动率也非常高。一名在英国亚马逊仓储工作的人员认为,手环可能会为亚马逊节省一些时间和劳动力,但也表示这种死缠烂打的追踪方式会让劳工面临不公平的审查,直言亚马逊最终想全面以机器人取代人类,但在这个技术尚未到来之前,只好先把人类变成机器人。为了效率,我们可以想象,员工变成更有效率的类机器人的情况可能在不久的将来就会出现,因为背后是极具经济价值的强大推动力。① 由此可见，亚马逊的"手环"便是在人工智能技术这一新兴信息传播技术的支持下，增强对员工社会行动者的社会能量的吸附。可见，在信息传播技术的影响下，吸附主体对被吸附者的吸附力度在程度上加深了。

对于某些个体而言，这种持续不断的被能量吸附有可能带来的是社会能量严重消耗，身体、心理等出现问题，严重的会导致"过劳死"的现象。据报道，国际卫生组织在于 2022 年生效的《国际疾病分类》中，将"过劳"列入分类中，它将过劳界定为"未很好控制的、在工作场所长期承受的压力"，认为"过劳"有三大症状：感觉筋疲力尽；从心理上想远离工作或对工作产生否定感和质疑感；工作效率降低。② 因此，从社会能量的视角观之，"过劳"便是能量的过度透支，新的能量却没有及时跟上补充。

（二）作为生态/环境的 ICT、因传播而构建起的社会关系与社会能量的吸附

我们分别从个体和组织层面观察和探讨了某些个体和组织对其他个体社会能量的吸附，以及由此而给这些被吸附个体所带来的负面影响，尤其是涉及在作为工具的 ICT 介入下的社会能量吸附现象。在本部分，我们将从社会关系层面去观察和探讨社会能量的吸附现象，尤其是观察和探讨在作为生态/环境的 ICT 介入下所出现的新的社会关系背景下的社会能量吸附现象。

正如前述，社会行动者总是在社会关系中存在、行动，关系具有本体论的意义。在这种社会关系中，社会行动者之间显然常常是不平等的。这种

---

① 《想和机器人竞争工作么，亚马逊先把你当机器人看待》，网易，https：//www．163．com/dy/article/DOHNSIR50511U076．html。

② 《世界卫生组织将"过劳"列为疾病》，新华网，http：//www．xinhuanet．com/science/2019 - 05/31/c_138104864．htm。

不平等体现在社会能量的流动上,表现为因为某种社会场域力量的存在,社会能量更倾向于从某个社会行动者流向其他社会行动者。对于这种流动趋向,笔者在此用社会能量的吸附来称呼。

例如,关于"996"工作模式,在当前的一些国内的互联网科技企业中不鲜见。可以说,这种工作模式已然成为某种企业中的制度文化的一部分,成为较为稳定的工作关系结构的一部分。从社会能量的视角来看,强迫性的"996"工作模式是对社会行动者生理能量、心理能量和社会关系能量的"吸附"。是否为强迫性,一个判断标准便是社会行动者是否有选择的权力。权力的一个表现便是对他人能量的任意支配,而支配者反而对自身的能量失去了控制。

当下,以微信为代表的社会化媒体更是日益成为一种新的媒介环境,成为人们社会生活的一部分,在这种背景之下,信息传播技术帮助形成一个能量吸附的网络,各中心源源不断地从网络中的各个节点和各方吸收能量。正如有的研究者所说,比996更可怕的,是微信里的007。"当原本是休闲娱乐的社交APP,被越来越多的公司心照不宣地变成了默认办公软件,每个员工都曾在半夜收到老板的夺命连环微信的时候,心里一咯噔。"①

(三)信息传播技术、社会能量的吸附与"抵制"

正如前述,就社会能量的吸附而言,无论是从单向的传播过程,还是从社会关系层面而言,社会能量的吸附的一个特点便是社会能量从某些个体流向另一些个体或者组织。在现实的社会关系中,在某个关系链或局部关系网络中,总有一个中心,这个中心往往也是能量场的中心,这个中心持续不断地吸附来自能量场中的其他社会行动者的社会能量。由此便形成了社

---

① 陈香香:《比996更可怕的,是微信里的007》,腾讯网,https://mp.weixin.qq.com/s/LNxXz-PFEvGMk44eI8dj12w。

会能量的"中心-边缘"的结构。沃勒斯坦的"世界体系论"便是一个例子。能量吸附者往往处在社会关系网络的中心,而被吸附者则构成了能量吸附者的社会关系网络的节点。显然,这种中心与边缘之间有和无、多和少、高与低的关系结构,是一种不平等的关系结构,对社会能量的被吸附者而言是不对等的。

中心-边缘关系一直是社会学中的传统研究主题。除了在发展领域的应用之外(我们在后面会讨论到),中心-边缘模型也被用于其他领域,如政治和文化等。美国历史学家威廉·麦克尼尔用此模型去研究奥斯曼帝国的历史。他的主要论点是:"中心要想长期维持大范围内的组织化军事力量,只有掠夺边缘共同体。"[①]如此,政府方能够实现财源自足。因此,帝国就不得不进行持续的征服。在《社会权力的来源》一书中,迈克尔·曼指出了日本帝国的扩张,对能源等各种资源的掠夺,使其不断地扩张,并在此基础上构建了一个以日本本土为中心的包括东南亚、南太平洋等在内的帝国主义扩张网络。

就一国国内而言,我们也可以看到这种中心-边缘的关系。例如,就整体上而言,黄淮海经济圈所包含的地区范围,基本都是各自省份的边缘地带,包括皖北、苏北、鲁西南、豫东等地区,这些地区在经济社会发展等方面相对落后于所在省份的核心地区,从各个地区与中心地区的地区生产总值、所获投资项目、城市发展、社会福利水平等方面都可以看出差距。这些差距并不是一开始就如此的,例如,就安徽和河南而言,合肥和郑州在所在省份的首位度,可以说是各省发展战略的体现。对此,民间论坛有着较为激烈的认知和表达。

---

① [英]彼得·伯克:《历史学与社会理论》,李康译,上海人民出版社,2019 年,第 134 ~ 135 页。

稳定的能量吸附往往会形成一种初级的社会结构,并进行社会结构的再生产,这对于被吸附者而言,是比较不利的。甚至对于处于边缘地位的人群而言,会由此而形成一种心理上的"自觉意识"。正如伯克所言,这种边缘一方面是地理空间意义上的,在一定程度上也是心理意义上的,是一种自觉意识。① 例如,有研究者曾经对"边缘农民"进行研究后发现,边缘农民一般具有如下几个特征:第一,封闭性。从社会行动者人格特征如进取心、内向、控制欲以及生计资本存量等方面来考量,这一群体虽然有社会交往,但是圈子有限,范围较狭窄,往往局限于自己的亲朋、左邻右舍等,社会资本贫乏。第二,半独立性。这一群体虽然在表现形式上是独立的,但是往往会依靠一个相对强势的农户,一般为亲属,或兄弟,或女婿等,所以称之为半独立性。第三,沉默。边缘农民往往在各种场合是失语的群体,人们听不到他们的声音,虽在而又不"在",常常缺席。这一点又视所涉事件是否是其核心利益而定,在一些社区非核心利益上他们往往是失语的。

当然,如果观察社会能量吸附现实,其实也能看到被吸附者对此所做的"抵抗"或"反抗"。"抵制"这一概念源自法国著名社会学家德塞图。在《日常生活实践》中,他重点阐述了大众沉默抵抗的生活诗学,将研究的视角探入大众日常生活中的那些细微的环节,从而挖掘出大众的挑战力量。德塞图认为,在日常生活实践中,"抵制"战术随处可见,他用"假发"作为这种战术的典范:"'假发'就是指一些雇员装作是在为雇主干活,但实际上是在给自己工作。'假发'现象不是小偷小摸,因为工作的原材料的物质性价值并没有被偷走。它也有别于旷工,因为这个雇员事实上正儿八经是在工作现场干活。'假发'现象形形色色,简单的可以一如某位秘书在'上班时间'写

---

① [英]彼得·伯克:《历史学与社会理论》,李康译,上海人民出版社,2019 年,第 134 ～ 137 页。

一封情书;复杂的又可以发展为某个木工'借用'工厂的车床给自家的起居室打造一件家具。对此现象,不同的国家有不同的叫法……'假发'这个现象正变得越来越普遍"。德塞图认为,雇员们每每借助"假发"战术,达到这样的战术目的:"成功地将自己置于周围的既定秩序之上"。凭借这种抵制战术,他们可以避免被既定机制的权力彻底压制。这样,"假发"现象就具有了社会战术的意义,并且"出现在现代社会的大多数秩序领域中"①。

诗人伊耶什·久拉曾在回忆中对工人"磨洋工"现象有着十分生动的描述。伊耶什在 20 世纪初匈牙利式的平原的一家大农场里长大。在普斯陶地区,农场劳工面临的劳作无休无止,无论平时还是周末,都要干很长时间的活。而他们的对策,就像农场牲畜们的对策,就是一举一动都慢腾腾的。伊耶什形容他看着罗卡叔叔以"乌龟一般的淡定从容"装着烟斗,"他摆弄着火柴,就好像自己手上的那根火柴就是点火的最后手段,全人类的命运都靠它了。"不妨把这种做派看作是对地主和监工的过度要求做出的某种抵抗,是伊耶什所说的"本能的防御"②。

在信息传播技术介入背景下,正如上述,无论是作为工具的 ICT,还是作为生态/环境的 ICT,其都给社会能量的吸附带来了新的变化,面对这种新的变化,在中心－边缘的结构中,社会能量的被吸附者也在寻找着可能的"抵制"策略。例如,正如陈香香所观察到的,对于因为微信等社会化媒体日益深入人们日常社会生活,从而作为一种新的环境带了社会行动者工作和生活平衡的状态,"越来越多不能、也不敢错过工作通知的职场人,不得不准备

---

①　吴飞:《"空间实践"与诗意的抵抗——解读米歇尔·德塞图的日常生活实践理论》,《社会学研究》,2009 年第 2 期。

②　[英]彼得·伯克:《历史学与社会理论》,李康译,上海人民出版社,2019 年,第 147 ~ 148 页。

信息传播技术与社会能量

两台手机、两个微信号,分成工作和私人用"①。这其实便是来自个体社会行动者应对自身社会能量不断被吸附的一种"抵制"策略。

———————————

　①　陈香香:《比996更可怕的,是微信里的007》,腾讯网,https://mp.weixin.qq.com/s/LNxXz-
PFEvGMk44eI8dj12w。

第二章 信息传播技术、分享与群体能量的吸收及分布

上一章,我们从社会行动者视角探讨了在信息传播技术介入下,传播对社会能量吸收的影响。相对而言,这是个体层面的,即便是在探讨因传播而构成的社会关系时也是从个体角度去探讨社会能量的吸收现象。在本章,笔者主要从群体层面,即将群体作为一个整体,进一步探讨信息传播技术背景下的社会能量的吸收。显然,群体与个体是不同的。法国学者莫斯科维奇通过指出统治群体心理的艺术点明了两者之间的显著差异。他认为,"概念化思想"和"心理作用形象"是两种表示现实的思维模式,前者依靠理性的法律和证据,后者求助于记忆和暗示。前者适合于个体社会行动者,而后者适合于群体。"(因此)统治群体的艺术,便是引导他们想象的艺术。"①

群体与个体不同,群体与集群亦不同。群体是社会行动者的集合,但是这些社会行动者共享着某种心理。群体相对而言具有较强的凝聚力。而集

① [法]塞奇·莫斯科维奇:《群氓的时代》,许列民、薛丹云、李继红译,江苏人民出版社,2003年,第134~135页。

群只是偶然的集合,例如等红绿灯的人群等。群体与社会关系网络也有差异。有研究者认为,随着移动革命、社交网络革命以及互联网革命的推进,社会"朝向网络化个人主义方向发展的趋势",需要"用另一种看似也可理解的方式观察世界,即人们既与群体相连,同时也作为个体发挥作用"。"人们认为自己是群体一员,其实他们是在网络之中。"在网络化的社会中,界限是互相渗透的,各种不同的人互动,关系在不同的社交网络中流动变迁,等级制变得扁平化和更加循环。威尔曼认为,我们可以从不同的层面上观察到这种从群体向社交网络的变迁。① 在本章中,我们同时使用"群体"和"社会关系网络"这两个概念,只是稍有侧重,"群体"更着重指具有较强凝聚力的人群,而"社会关系网络"则更多地侧重强调关系网络的特点。社会行动者在群体、社会关系网络中感受到自身社会能量的提升/增强或者减弱等。

一、"群体能量"/社会关系网络能量概念

从前述社会能量的界定来看,作为社会能量的主体,社会行动者既可以是个体,也可以是群体。按照前述对社会能量的理解,群体层面的社会能量也是包括资源和能"力"两个维度。显然,群体层面的社会能量与个体层面的社会能量既有联系,也有一些区别。

群体可以被视为某种人格化的社会行动者。作为社会行动者,社会能量的整合,群体能量会出现 1 + 1 大于 2 的效果,即个体的结合出现了大于群体中每个个体都享有的社会能量;同样,群体心理亦不同于个体社会行动者心理,无论是勒庞,还是莫斯科维奇等,在探讨群体心理时,都准确地指出了

---

① [美]李·雷尼、巴里·威尔曼:《超越孤独:移动互联网时代的生存之道》,杨伯溆、高崇等译,中国传媒大学出版社,2015 年,第 29～32 页。

这方面,正如勒庞所言:

> 　　构成这个群体的个人不管是谁,他们的生活方式、职业、性格或智力不管相同还是不同,他们变成了一个群体这个事实,使他们获得了一种集体心理,这使他们的感情、思想和行为变得与他们单独一人时的感情、思想和行为颇为不同。心理群体是一个由异质成分组成的暂时现象,当他们结合在一起时,就像因为结合成一种新的存在而构成一个生命体的细胞一样,会表现出一些特点,它们与单个细胞所具有的特点大不相同。①

　　如上可知,勒庞指出了作为整体的群体是一个由异质成分所组成的新的存在。这种新的存在所表现出的特点与群体内的个体"大不相同"。对此,纽宁也谈道,"群体现象和大众现象不仅能够整合和强化,也会稀释个体偏好:体验共同强力,通过成立协会、分支和小组获得权力,形成集体激情和狂热"②。在此,纽宁指出了在群体中所出现的新的能量现象,即群体成员在互动中所形成的能够共同体验到的"强力"。而这种"强力"或群体能量,是能够被群体成员体验到的,从而成为一种可以体验的文化现象。

　　因此,无论是群体还是社会关系网络,从社会能量的视角观之,都意味着两者其中都孕育着某种能量聚集物,无论是作为资源还是作为能力的能量,身处群体或社会关系网络中的人们都能够感知到这种能量的存在。作为群体资源层面的社会能量,类似于某种凝聚物,既有物质态,也有符号态,

---

　　① [法]古斯塔夫·勒庞:《乌合之众:大众心理研究》,冯克利译,中央编译出版社,2004年,第14页。

　　② [德]安斯加·纽宁、维拉·纽宁主编:《文化学研究导论:理论基础方法思路研究视角》,闵志荣译,南京大学出版社,2018年,第389页。

这种群体成员共享的凝聚物,起到凝聚群体的作用,是一种作为文化的群体社会能量。作为群体能"力"层面的社会能量,在各种群体社会运动中已经有了充分展示。当然,笔者在本章后面将会提及,这种群体或关系网络中的社会能量的分布是不均等的。

由上可知,所谓群体的社会能量,指的便是作为群体的社会行动者所拥有的资源以及利用这些资源做事情的能力。其中,个体的社会行动者在群体中作为群体的能量资源面貌而出现。这种超越个体的群体共通的社会能量,从社会能量的价值链角度来说,便是群体对其成员社会能量的吸收而形成的一种新的社会能量形式。正如杨桂华所言,"由于帕森斯认为社会现实中的最小单位是行动,所以必然认为能量最终来源于行为有机体"[①]。因此,群体的社会能量是作为由异质的社会行动者组成的整个群体所享有的某种共同的社会能量,群体中的社会行动者能够感知到这种社会能量的存在。同时,鉴于这种群体整体的社会能量的存在,群体中的社会行动者也能感知到自己的社会能量所受到的或增强或削弱的影响。

对于这种在群体中共享的社会心理或共享物,不少研究者从文化的角度进行过探讨。例如,涂尔干在《宗教生活的基本形式》中对社会仪式的探讨。再如,莫斯科维奇所提的"社会表征"理论,认为集体成员所共有的观点、思想、形象和知识结构便构成了社会表征。这类似于本书所提及的群体的符号能量。

---

① 杨桂华:《社会能量的特点、功能和意义》,《哲学研究》,2015 年第 4 期。

二、信息传播技术、分享与群体能量的吸收

（一）分享与群体能量的吸收

从社会能量的视角观之，群体能量可以说是对群体中个体社会行动者社会能量的吸收而形成的。正如前述，无论是群体，还是社会关系网络，都具有社会能量。群体不仅共享着某种心理，同时也共享着社会能量。进而言之，群体或社会关系网络的形成过程，便是群体能量或社会关系网络能量的形成过程。对群体成员而言，他们也能通过想象感知到群体社会能量的存在。总而言之，分享是群体能量/社会关系网络能量的主要形成机制。

例如，据媒体报道，山西晋中市普阳县电业局的两位普通职工，他们从2019 年11 月开始为负责县城新西街清扫工作的20 名环卫工人免费提供早餐，不管烈日、刮风、下雨，环卫工人都能吃上一份热气腾腾的"爱心早餐"。[①]在这个案例中，两位普通职工通过他们的分享行为，将自身的能量分享了出去，让更多的人感受到这个城市的温暖。对此，爱心传播理论能够给予解释。莱斯莉指出，爱心传播理论（AET）是一个科学理论，其主要目的是要解释为什么人们要相互传播爱心，这种传播会产生什么结果。爱心传播与人类生存力和繁衍力相适应。接受爱的表达和给予爱的表达有助于生存和繁衍的成功，爱心行为促进了"重要伴侣联结"的建立和维持，增进了物质资源（如食物和住所）及情感资源（如关注或社会支持）的获得，这些资源有助于维持生活。[②]正如爱心传播理论所示，所谓的爱心行为，恰恰便是物质资源

---

① 《晋中市昔阳县：免费爱心早餐 情暖城市"美容师"》，澎湃新闻，https://www.thepaper.cn/newsDetail_forward_6823846。

② ［美］莱斯莉·A.巴克斯特、唐·O.布雷恩韦特：《人际传播：多元视角之下》，殷晓蓉等译，上海译文出版社，2010 年，第373 ~375 页。

和情感资源的分享,这有利于群体能量的形成。

正如前述,群体能量有如个体社会能量,亦包含社会物理能量、社会生理能量、社会心理能量、社会关系能量以及社会符号能量等物质态和符号态的社会能量形式。在能量资源上,是群体内所有成员的能"源"之和,同时在群体成员间的分享互动中又产生新的群体成员都能够感知到的能量聚集物;在能"力"表现上,单纯从力度上而言,则往往 1+1 大于 2,但如果从效果上来看,则并不确定,要视场域中一些社会文化因素的影响而定。

在群体中,通过群体成员的分享互动,群体状态达致人类学家维克多·特纳提及的"交融"(communitas)状态。维克多·特纳进一步发展了涂尔干的"创造性欢腾"(creative effervescence)的观念。特纳自己提出一个新词"混融"/"交融"(communitas),用来指自发的、无结构的社会团结形式(他举的例子多种多样,从早期方济各会修士,到 20 世纪 60 年代的嬉皮士)。① 对于这种"交融"状态,特纳写道:

> 自发的交融之中充斥着丰富的情感,而且主要是愉悦的情感。"结构"中的生命充满了各种客观存在的困难……自发的交融具有某种魔力。主观上讲,交融能让人感到无穷的力量……如果结构中的人不能间或投身于交融那深不可测的再生力量,结构行动很快就会变得枯燥而机械起来。②

在特纳看来,群体中的每一个个体都是受到社会场域中社会文化等结构性力量影响的,但是在群体内的分享和互动中,产生了他所谓的"交融",

---

① [英]彼得·伯克:《历史学与社会理论》,李康译,上海人民出版社,2019 年,第 95 页。
② [英]菲利普·史密斯:《文化理论——导论》,张鲲译,商务印书馆,2008 年,第 125 页。

亦即我们在此所谓的"群体能量",这种群体能量表现在"让人感到无穷的力量"。正如史密斯所指出的,"特纳最核心的一个观点是交融状态会让人们与神圣的事物接触,产生强烈的情感体验,并能使社会的纽带与能量得到新生"①。但是我们需要看到的是,特纳也指出,"如果结构中的人不能间或投身于交融那深不可测的再生力量,结构行动很快就会变得枯燥而机械起来"。也就是说,如果群体成员不再进行分享和互动,那么这种群体能量便会很快消失。即正如伯克所言,这些团结形式肯定是难以持续的,因为一个非正式的群体要么逐渐消逝,要么凝聚成一种正式的制度/机构。但是即便如此,如果能够借助仪式或者其他被称为"共同体的符号建构"的手段,那么显然这种"混融"仍会在制度/机构中不时复活。②

由上观之,特纳认为,在群体中,这种"交融"状态代表着人们与一种超越个体的存在即"与神圣的事物接触",就群体成员而言,产生了强烈的情感体验,感受到新的能量。对此,正如美国社会学者柯林斯所观察到的群体成员在仪式中的情感能量。柯林斯从微观的层面观察情感,他更多地关注在仪式过程中所产生的情感能量而并非某种特定的情感,认为情感能量是一个从高到低的连续统。③ 同时,作为群体整体,这种"神圣的事物"也发挥了群体纽带的文化价值,是一种群体整体层面的社会能量,群体成员都可以感知到的社会能量。

当然,从另一角度而言,这种超越个体的社会能量凝聚物,这种"神圣的事物",不仅有作为纽带的文化价值,而且对群体中的个体社会行动者在某种意义上也是一种约束。勒庞在《乌合之众》中阐述了群体心理,如果从社会能量的视角观之,勒庞其实也是在从群体的视角探讨社会能量的吸收问

---

① [英]菲利普·史密斯:《文化理论——导论》,张鲲译,商务印书馆,2008年,第125页。
② [英]彼得·伯克:《历史学与社会理论》,李康译,上海人民出版社,2019年,第95页。
③ 文军:《西方社会学理论当代转向》,北京大学出版社,2017年,第258页。

题。他指出了社会行动者在进入群体成为群体成员之后,在受到社会能量影响之后的状态,他说:"他不再是他自己,他变成了一个不再受自己意志支配的玩偶。"①群体起到了"催眠师"的作用。② 引发了"从众"现象。③ 这个概念指出了群体中的社会行动者能够感知到群体的压力,哪怕这种压力仅仅只是由社会行动者所臆想的。同样,社会行动者在群体中也能够感知到社会能量的存在—— 一种符号态的社会能量。不过,需要指出的是,虽然社会行动者在群体中会被认为丧失自我,但是通过限定讨论的规则,例如,利用头脑风暴法,也能产生智慧。

对此,莫斯科维奇也探讨了这种群体的社会能量对群体中社会行动者的影响。

我对群体有一种恐惧。我不能进电影院,或者观看公共集会。它们让我有一种奇怪的无法忍受的不安全感、一种可怕的痛苦,似乎我在尽全力搏击一种不可抵挡的神秘力量。其实,我是在抵挡群体的灵魂,它正在试图进入我的头脑。在这个过程中,每个人都成了由他的伙伴组成的群氓的一部分。而这时,他自身特有的素质——如智力的主动性、自由的意志、聪明的反思,甚至还有洞察力——都随之整个消失了。④

因此,从这个角度而言,群体能量对于群体成员而言并不是都有积极价

① [法]古斯塔夫·勒庞:《乌合之众:大众心理研究》,冯克利译,中央编译出版社,2004 年,第 18 页。
② 张爱军:《校园暴力的三维透视》,《中国青年研究》,2016 年第 1 期。
③ [美]埃利奥特·阿伦森:《社会性动物》,郑日昌等译,新华出版社,2002 年,第 19 页。
④ [法]塞奇·莫斯科维奇:《群氓的时代》,许列民、薛丹云、李继红译,江苏人民出版社,2003 年,第 20 页。

值的。有的个体能够享受到这种群体能量,有的则更多地是感受到这种群体能量对自身的约束。当然,无论是群体能量对某些个体的积极价值,还是对另一些个体的约束,从这当中也让我们看到了群体能量的能"力"一面。这种"力"不仅仅是对外的,同时也是向内的。群体的这种社会能量,包括各种可行能力和实际能力,尤其是实际能力,群体的社会能量所起到的作用,有积极和消极、建设和破坏等向度,因此从这个角度而言,群体层面的社会能量,也存在正能量和负能量之分。正如勒庞所指出:"从感情及其激起的行动这个角度看,群体可以比个人表现得更好或更差,这全看环境如何。"①因此,正如前述,群体能量表现出的能"力"的效果,要视社会场域中的社会文化因素而定。

(二)信息传播技术、分享与群体能量的吸收

随着新兴信息传播技术如人工智能和机器人技术的出现和快速发展,有越来越多地服务机器人、社会机器人加入人类的工作环境,那么一个问题便应运而生,即人工智能(AI)加入人类工作环境,对原先的人们的合作会带来哪些影响呢?实验显示,在人类社会中间加上人工智能,可能会改变我们与他人的互动。例如,耶鲁大学曾经做过一个让一小群人和人形机器人在虚拟世界中铺设铁轨的实验。在这个实验中,这一小群人和这个小型机器人一起去完成某个任务,当这个机器人犯错误时,它会主动承认错误。实验显示,机器人的这种表现,使得小组成员变得更加轻松,协作方面也变得更好了。② 如同这个实验所展示出来的一样,机器人在与人类的一同工作中,能够通过改善人类之间的沟通交流从而促进人类更好地完成工作任务。

---

① [法]古斯塔夫·勒庞:《乌合之众:大众心理研究》,冯克利译,中央编译出版社,2004年,第18页。

② 《耶鲁大学测试人类和 AI 一起工作 结果令人意外!》,搜狐网,https://www.sohu.com/a/300457361_99975546。

　　再如，一位学生在报告中分享了一个例子，介绍了智能助手在班级课堂上对教学气氛的影响。

　　　　前不久，在一次高数课上（下午前三节），困得要死的我拿出手机想要提提神，便玩了一下，可一不小心点开了 Siri……此时老师刚讲完一部分的课堂内容，安静的教室突然传来一声："对不起，我好像不明白……"我直接秒醒，惊慌失措的时候，老师也很接梗，笑着说："我就再讲一遍。"可这还没完，今天的 Siri 异常兴奋，在老师讲完之后，说"对不起，我没听清你说什么……"老师："没听清？最后一遍了。"之后，便是我们全班的爆笑。[①]

　　从这个案例中，我们可以看到，智能助手 Siri 的偶然加入，活跃了班级教学气氛，改善了略显枯燥的教学环境。

三、信息传播技术、分享与社会关系网络能量的吸收

　　我们在前述提及群体与社会关系网络的区别，即在于群体更加强调群体成员间的凝聚力，而社会关系网络则侧重于强调关系网络结构。威尔曼在《超越孤独：移动互联网时代的生存之道》中提到，"在西方发达国家，大多数人并不生活于结构紧密的、以群体为中心的世界里，即使就大多数发展中国家而言，也是如此，人们都生活在网络化的世界中。人们在家庭中、社区中以及在工作环境中有着不同的议题和安排。简而言之，人们生活在流动

---

　　① 李子龙：《与手机智能语音助手的互动经历及感受》，课程作业，北京邮电大学，2019 年。

和变化的社交网络中,而且远远超出了群体和脸书(Facebook)所限定的范围"①。

　　因此,从社会能量的视角观之,群体强调凝聚力即强调了社会能量的能"力"一面;而社会关系网络结构则强调了社会能量的能"源"一面,即流动在社会关系网络中的资源。"借助于互联网革命和移动革命,社会行动者能够构成极为广泛、具有鲜明异质性并超越时空的社会网络。社会行动者以自己为中心和他人以网状的形式连结起来。虽然这种连结可能是松散的,但由此构成的网络不但具有极强的人际社会关系支持能力,而且涉及方方面面,具有实质性改变相对宏观结构或制度的力量。"②《超越孤独:移动互联网时代的生存之道》中一开始提到了一个案例,即特鲁迪通过社交网络寻得社会支持的案例,"正如彼得和特鲁迪所认为的那样,这种源源不断的慷慨和利他主义,实际上反映了社交网络的威力和能量,以及需要用来维持有效帮助的努力的数量"③。

　　正如通过分享,包括借助信息传播技术,有利于群体能量的吸收与形成;通过分享,包括借助信息传播技术,同样有利于社会关系网络能量的吸收与形成。

　　(一)信息传播技术下社会关系网络能量吸收的形式

　　1.共享经济:信息传播技术下社会关系网络能量的吸收

　　社会关系网络能量来源于"共享""分享""众筹"等。共享经济的实质是利用信息传播技术,以获得一定报酬为主要目的,基于陌生人且通过互联网平台将物品使用权暂时转移的一种新的经济模式。显然,共享经济的理

---

　　①　[美]李·雷尼、巴里·威尔曼:《超越孤独:移动互联网时代的生存之道》,杨伯溆、高崇等译,中国传媒大学出版社,2015年,第31页。
　　②　同上,"译者序"第2页。
　　③　同上,第4页。

念是共同拥有而不是占有。因此,从社会能量的视角观之,共享经济便是在信息传播技术介入下,通过对个体社会能量的吸收而形成的社会关系网络层面的社会能量形式。例如,由 Brian Chesky(布莱恩·切斯基)等于 2008 年在美国成立的 Airbnb(爱彼迎),创造了一个利用控制房屋资源的分享经济模式。

如上所述,无论是"共享"也好,还是"众筹"也好,它们基本上都是通过社会关系网络来获得社会能量。只是"众筹"强调社会行动者获取社会能量的途径,而"共享"则强调了社会关系网络所汇聚起来的社会行动者都能够分享的整体社会能量。

2. 社群经济:信息传播技术下社会关系网络能量的吸收

显然,从社会能量的视角观之,社群经济也是借助信息传播技术实现个体社会能量的整合。正如前述,这种整合,并非 1 + 1,而是形成一种超越了个体的社会能量存在,即社会关系网络能量。

当然,除了这些信息传播技术下社会能量的吸收形式之外,网络水军也可谓是利用网络所形成的巨大的社会能量。另外,有的不法分子利用微信等信息传播技术手段和平台以社交电商为幌子,实际上干着网络传销的勾当,从社会能量视角观之,这也是在利用信息传播技术吸收社会能量。例如,在《微信群有点变味了》中,记者调查发现,有的社交电商行为与传销行为类似,在这类社交电商 App 中,通常会设置会员等级,加入会员后如能成为团长并成功发展下线,每月便会享有佣金,如果下线还能继续发展下线,那么收入还会进一步提升。① 在上述这个案例中,进入微信群的消费者被鼓励发展自己的下线,通过这种方式收取人头费以吸附下一级的能量。

---

① 邵鲁文、杨文:《微信群有点变味儿了》,新华社新媒体,https://mbd. baidu. com/newspage/data/landingshare? pageType = 1&isBdboxFrom = 1&context = % 7B% 22nid% 22% 3A% 22news _ 10066643579392728443% 22% 2C% 22sourceFrom% 22% 3A% 22bjh% 22% 7D。

（二）信息传播技术下社会关系网络受到的影响

根据美国社会学家格兰诺维特的研究,社会关系网络的性质有强弱之分。从社会能量视角观之,随着这种社会关系网络类型或性质的不同,其中流动着的社会能量也是不同的。在此,我们以社会运动的组织为例来探讨信息传播技术下社会关系网络能量的影响。

其一,在信息传播技术介入下,信息传播技术加快了社会关系网络中能量流动的频率。对于这一点,尤其表现在社会运动的组织效率上。信息传播技术成为勾连社会运动参与者的技术条件。

其二,信息传播技术扩大了社会关系网络能量。借助信息传播技术,社会运动能够集合跨时空背景下的社会运动参与者,汇聚更多的社会能量。例如,在西方媒体称之为"阿拉伯之春"的社会运动中,新媒体起到了举足轻重的作用。

其三,通过信息传播技术,社会关系网络中的成员增强了集体认同,提升了社会关系网络能量的强度。波莱塔和贾斯伯将集体认同看作是"一个社会行动者的认知、道德和情感与更广的社群、种类、实践或者制度之间的联系。它是共有的状态或者关系的感知,而这种状态或者关系可能是想象的而非直接经历的"[1]。社会运动中社会行动者的集体认同,不仅是集体身份的认同,而且是对社会能量的确认。当然,这种社会能量就如同集体身份一样是能够被集体中的社会行动者感知到的。

---

① Polletta F., Jasper James M., Collective identity and social movements, *Annual review of sociology*, No. 27, 2001, pp. 283 – 305.

四、信息传播技术与群体能量/社会关系网络能量的分布

正如前述,杨桂华认为,"社会能量以个人、群体、资金、社会资源和人化环境等各种物质形态方式存在"①。因此,在群体或社会关系网络中,人本身便是一种重要的群体能量的载能物质。群体能量/社会关系网络能量的分布,我们此处指的是载能物质的分布,或者说能量资源的分布。尤其是在信息传播技术介入背景下,能量资源的分布发生了一些变化。在此,研究者主要从作为工具的 ICT、作为生态/环境的 ICT 两个层面去探讨群体能量/社会关系网络能量的分布。

(一)作为工具的 ICT 与社会关系网络能量的分布

在此,信息传播技术主要起到的是工具性作用,通过信息传播技术,既有的群体或社会关系网络引导成员流动,通过成员的流动,实现社会关系网络内能量的流动,将社会能量配置到更合理、更需要的地方。例如,北京市委推出的"党员双报到"活动,如果从社会能量视角观之,其本质上便是通过让党员这一人力资源在城乡间流动,达到有效配置人力资源,促进当地社区发展的目的。在这个"党员双报到"活动中,微信公众号发挥了活动推广、活动开展、活动记录、活动联系等功能。在职党员在关注"党员 E 先锋"公众号后,再在相关页面录入个人信息,并在与报到地党委联系确认后完成整个报到流程。在报到完成后,党员需要定期参与报到地党支部的活动,并自己记录服务社区的内容。

由上述流程,我们可以看到,信息传播技术(在此是微信公众号)在城乡资源流动中的作用,对于这种发展政策的效果如何,目前还不能基于足够的

---

① 杨桂华:《社会能量的特点、功能和意义》,《哲学研究》,2015 年第 4 期。

事实做出客观的评价,但是从已有的新闻报道中,我们也可以窥知一二。例如,据媒体报道,自从"双报到"以来,回社区报到的在职党员根据"自愿""协商"原则,在各社区分别提供主题党课、政策咨询、医疗服务等符合其自身特长和实际的特色服务。① 显然,北京市委通过这种方式,有效调动了社会能量,投入社区发展中,有力地促进了社区发展。

(二)作为生态/环境的 ICT 与社会关系网络能量的分布

此处,与作为工具的 ICT 有所不同的是,作为生态/环境的 ICT 更多地是指人们基于信息传播技术而构建起的虚拟社区,在这种虚拟社区中,社会成员间的互动、流动以及由此引发的社会关系网络能量的分布现象。

1.信息传播技术、趣缘交往、非正式群体和社会能量的分布

无论是在群体,还是社会关系网络中,基于成员间的趣缘交往,大多会形成一个个非正式群体,而这些群体成员或社会关系网络成员间因趣缘而发生的重新排列组合,从社会能量视角观之,本质上是一种社会能量的分布现象。

按照群体内各成员相互作用的目的和性质,可以把群体分为正式与非正式群体。正式群体根据定员编制、章程或其他正式文件而建立。例如,农村社区中的村委会等。非正式群体是在心理动机上的方向一致——同情、观点接近、信念一致、承认权威或个别人威望的基础上产生的。② 这种群体常常没有定员编制,没有条文规定,因此也没有固定的形式,常常结合兴趣、爱好、血缘、业缘等形成。观察新时期农村社区发现,非正式群体是客观存在的。新时期的农村社区逐渐形成了主要以政治能人、经济精英、宗族精英等为中心的多点中心非正式群体,体现出经济、政治、宗族关系在塑造新的

---

① 海淀区委组织部:《海淀区 11 万在职党员到社区报到打造"八小时外服务圈"》,北京组工网,https://www.bjdj.gov.cn/article/15262.html。

② 时蓉华:《社会心理学》,浙江教育出版社,1998 年,第 498 页。

农户社会关系中的力量与意志。在某些核心和群体成员之间形成了密切的共生关系。① 非正式群体是一种人群的联合形式,例如,在农村民主选举中,这种派系竞争正是不同非正式群体或明或暗地表明其身份及存在的形式。这种非正式群体实际上代表着社会能量的分布。

就社会能量的分布而言,具有相同爱好、兴趣或者为了某个特定目的而联系在一起的人群便形成了一个圈子,只要参与社会交往,每个人都会有自己的"圈子",但是"小圈子"是封闭性的。显然,我们应净化自己的"朋友圈",尤其是干部,尤应注意莫将"朋友圈"变为"利益圈""腐败圈"。②

对于这种群体或社会关系网络中的非正式群体现象,德国社会学家齐美尔曾经做过精彩的论述:

> 两人切实可能是一个派别,而且完全不受派别问题的干扰,而3个人即在最正派的、气氛很和谐的相互关系中,一般也会马上组成3个派别——每个派别各两人,因而一般就消除一个人对待另一个人的统一的关系。③

如上所述,齐美尔以三人群体为例,论述了群体内关系的分化和组合,从社会能量视角观之,代表着社会能量的分布。

在信息传播技术介入下,或者说通过信息传播技术而构建的群体或社会关系网络中,亦仍然存在这种社会能量的分布现象。在这种基于信息传

---

① 高崇、王德海等:《新时期农村社区的非正式群体探讨——基于国家与社会的关系视角》,《安徽农业科学》,2010 年第 38 期。

② 《莫让"小圈子"毁了干部》,人民网,https://mbd. baidu. com/newspage/data/landingshare? pageType = 1&isBdboxFrom = 1&context = % 7B% 22nid % 22% 3A% 22news _93576127343459864 10% 22% 2C% 22sourceFrom% 22% 3A% 22bjh% 22% 7D。

③ [德]齐美尔:《社会是如何可能的》,林荣远编译,广西师范大学出版社,2002 年,第 283 ~ 284 页。

播技术而构建的社会关系网络中,趣缘交往是社会能量分布的动力机制,以至于在这种社会关系网络内部形成一个个基于趣缘交往的非正式群体。

有研究者曾对"SZ 人在北京"QQ 群组进行过研究。"SZ 人在北京"QQ 群组是个同乡社会网络,显然,这是一个基于地缘的社会网络。但是研究者发现,在这样一个基于信息传播技术而构建的因地缘而存在的社会关系网络中,内部并不是铁板一块的,社会成员间虽然是同乡,但是互相之间的关系亲密度、联系紧密度等存在明显差异性。在 QQ 群组内部,"趣缘"正越来越超越地缘从而成为新产业工人之间沟通、分化组合的重要基准。

"趣缘"此处为"基于兴趣的交往"的略称。在当代西方兴趣研究中,出现了三种不同的兴趣概念,即个人兴趣、情境兴趣和作为一种心理状态的兴趣。[1] 这一界定对本书非常有启示,因此也成为笔者考察社会关系网络能量分布的一个重要视角。在虚拟同乡社会关系网络的交往中,兴趣交往涉及"聊阅读""听音乐""赏电视节目"等爱好。此处以"聊阅读"为例。

SZ – KK – ZY 15:25:38

你们手机上现在都用什么看书软件的

LB – ZL 15:26:13

直接上网看,下载的书好多都乱码

LB – ZL 15:26:36

QQ 阅读。熊猫看书。都不错

SZ – WY 15:27:32

我手机看书有 iRead

---

[1]　章凯:《兴趣与学习:一个正在复兴的研究领域》,《宁波大学学报(教育科学版)》,2000 年第 2 期。

SZ – WY 15:28:02

用"墨香搜书"下载书,都是免费的

LB – ZL 15:30:52

最好看的小说都在起点

SZ – LSY 15:31:52

91 熊猫看书

XX – HB 15:32:50

很多都用过,推荐百阅

......

    这次对话始于 ZY 在群组里咨询看书软件,随后 ZL、WY、LSY、HB 等积极参加。从 15:25 开始,于 15:50 结束,共持续了 25 分钟。在同乡群组里,也经常会有同乡分享一些歌曲,例如,DS – WG 曾经在群里分享歌曲《拒绝情爱》,TG – JZJ、DD – LJH 等纷纷参与收听和评论。SZ – LSY 也曾经在群组里分享《为你我受冷风吹》,共有 12 个人参与收听。显然,从这些分享的歌曲名称中,我们可以发现歌曲的主题基本为怀旧、爱情或者感受当下生活的伤感等。除了"阅读""听歌"之外,群组里也常常有同乡在分享自己收看的电视节目,例如,XX – CK 就曾经在群组里和 SZ – SMY 聊《中国好声音》。①

    我们由上可以从中窥见在社会关系网络中,社会成员之间因为户外体育锻炼、阅听爱好、生活筹划、对流出地的怀念,以及恋爱婚姻与家庭生活等方面兴趣的不同而出现在交往频率、交往对象上的差异性,以及由此形成的非正式群体现象。如果从社会能量视角观之,这正是我们前述所谓的社会

---

    ① 高崇、杨伯溆:《基于兴趣的社会交往:同乡社会网络内的交往逻辑——基于"SZ 人在北京"QQ 群组的虚拟民族志研究》,《北大新闻与传播评论》(集刊),2013 年 12 月刊。

关系网络能量的分布现象。这种在基于信息传播技术而构建的社会关系网络中，由于社会成员的参与度不同，社会成员互动的频率不同，基于此在社会关系网络内部也形成了中心-边缘的关系结构，这其实也是社会关系网络能量分布的表现。

2. 信息传播技术、社会关系结构与社会能量的分布

在当代农村社区中存在"中心-半边缘-边缘"的"三环"格局。如果以农民为基本分析单元，我们可以将当前农村社区看作是由中心、边缘、半边缘三个部分组成的整体结构。但与沃勒斯坦的分析不同，本书认为，农村社区中依农民参与社区事务程度高低的不同，在某个具体议题上，形成了中心-半边缘-边缘的"三环"结构，这样，在农村社区不同的政治、经济、文化、社会等议题上，分别存在中心-半边缘-边缘的"三环"结构，总体来说，农村社区中存在着一个中心-半边缘-边缘的"三环"格局。

首先，表现在农村社区政治层面。例如，在村级选举及治理中。"乡政村治"之后，社区民主选举及治理成为各方政治力量博弈的场域，例如在人选推选、选举程序、过程监督等方面，对于成功的村级民主选举而言非常重要。在农村社区中，除了传统的"两委"精英积极参与介入此一事务外，存在参与积极性不高或经动员而参与到推选过程之中的村民。其次，表现在农村社区经济层面。经济富足仍是当下农民的普遍追求，因此经济层面是农村社区中最引人关注的一个层面。例如，一个典型的例子是农村的征地问题，因为土地是农民的根本抑或是农民之所以是其所是的标志之一。在土地权属、补偿标准、补偿金发放等问题上，不同村民的参与度是不同的。再次，表现在农村社区文化层面。围绕对一些新兴事物的看法、宗教等，在村民中常会有不同观点。最后，表现在农村社区社会层面。这主要涉及环境污染与保护、水资源利用、道路改造与建造、公共服务等方面。例如，环境的污染与补偿、农民社区的社会救助、农村扶贫、老年人服务、医疗保健服务

等,这些都涉及农民的公共利益,由此也常常成为引发社区争论的导火索。

"三环"不是一个等级的划分,只是描述了一种客观现象。在农村社区中,一些社区管理者、能人、精英、大户等由于其所拥有的政治、经济等资源而应归属于中心层,但不一定属于中心层,关键要视其介入社区事务的程度而定。就参与社区事务程度而言,中心群体的参与度最高,半边缘次之,边缘农民最低。①

除此之外,笔者发现新产业工人使用QQ群组构建的同乡社会网络形成由群主-群管理员-"群众"构成的中心-边缘的社会网络结构,并呈中心稳定、边缘波动的状态。

其一,群主掌握着每个人的信息,尤其是至关重要的手机号码等联系方式。对于"SZ人在北京"QQ群组而言,每个进入的"新人"都要提供包括姓名、性别、年龄、住址、工作、工作地点、联系方式等在内的信息,都要在群里"过堂",执意不配合或者太"磨叽"就会被"请出群"。如,

> LD－LJH 10:25:14
>
> 请按照群不成文之规定,介绍一下自己。姓名、年龄、职业、婚否、住址、联系方式,最后发张照片。
>
> SZ－WY 15:22:47
>
> 那好,明天这个时候之前发到群里,不然审核不过,会被踢的。
>
> YQ－CL 11:25:08
>
> 不说不行,这个群内规定,俺昨天都说了。

---

① 高崇、王德海:《公平视域下边缘农民社区参与水平低下的思考》,《农业部管理干部学院学报》,2010年第1期。

一般而言,群主在群内(在线或隐身)的话,会由群主主持这个程序,否则就由群里的管理员监督执行此程序。"联系方式"这种比较隐私的信息,管理员有时会让新人直接将联系方式"小窗"或"私信"给群主。群主会私下做个记录备案。"群众"如果需要某人的联系方式,就可以直接向群主索要,而群主也曾主动通告,"群通讯录已基本编制完成,有业务需要的老乡请和群主联系"。显然,"群主"在此承担着信息中枢的功能。

其二,在群内日常互动中,以群主为说笑谈论的对象。在群主"在场的缺席"(群主在线却并不参与互动)的情况下,"群众"之间聊天会有意识将话题对象指向群主,"群主是永恒的话题",并以此创造聊天的气氛。如,

SXP – SKQ 14:36:17

庆祝下,管理员、群主都在线

SX – ZZL 14:36:53

看到大家都在线,激动

SZ – KK – ZY 14:37:14

道哥肯定有(注:应为"又")马光骨子视频来

SX – ZZL 14:37:50

道哥人家那是工作

SX – ZZL 14:38:22

和我们聊天是他的副业

DS – MC – JR 14:38:35

老道今天真存(注:应为"沉")住气,你不说话

XSP – SKQ 14:39:02

人得挣钱养娃和老婆呢。

如果群主不在,群内的交流便会变少。群主曾去浙江杭州出差,"可能是由于群主出差到杭州的原因,群里好像一下子没有了主心骨,所以今天人气不太旺,只有短暂的 40 多分钟时间"。而即便是有交流,也仍然会提到他,如,

> SZ – KK – ZY 8:50:18
>
> 道哥这两天干啥去了
>
> SZ – KK – ZY 8:50:30
>
> 见不到他出来嘚瑟,还不习惯啦
>
> SZ – ST 8:54:29
>
> 他不在,多安静啊。

其三,群主协调并平息群员之间的冲突。虽然这个群的"群众"在总数上有波动,但是基本上保持在 150 人左右,他们虽来自同一个地方,但由于兴趣不同、职业有差异、价值观亦有不同,因此"群众"之间偶尔会有言辞上的冲突,如果群主在的话,会积极地协调并平息冲突。如,

> SZ – KK – ZY 09:36:37
>
> 这小丫头怪能＊＊(粗话)来
>
> LB – ZRN 09:36:51
>
> 你说谁的
>
> LB – ZRN 09:37:03
>
> 凭什么这么说我
>
> ……
>
> LD – LJH 09:38:39

ZY 是说百度的。RN

当时，ZRN 开玩笑地将"虚线"（SZ 的方言称呼）说成是"实线"的时候，ZY 便用粗话回击，引发了两者之间的言辞冲突。而群主则非常迅速地将冲突引至另一话题上以避免争执持续化。

其四，群主能够决定谁可以做管理员。"SZ 人在北京"群是个超级群，可以有 8 个管理员。管理员具有"进人""踢人"等相应的管理权限。群主为了显示民主，曾在群里公开进行过竞聘管理员的活动，而"群众"之中，曾先后有"WYL"和"CL"两人报名，但最后在"WYL"发表了竞选管理员宣言之后，群主便宣布，"欢迎 AL 为本群之管理员，希望能多为群做点实事，不可有丝毫之懈怠。"显然，群主所谓的竞聘，只是让参与者公开在群里表态，最终的决定权还是在群主手中，一般的"群众"并没有多少决定权，而且就观察的结果而言，"群众"对此也并没有发表异议。因此，群主实际上在决定管理员人选上具有绝对的权力。

其五，群主具有支配管理员的权力，能够让管理员清退不发言或者不熟悉的群员。例如，针对群内部分群众经常"挂着"（不发言），但是不在群内积极发言的现象，为了活跃群内气氛，群主曾言："半年潜水，不在群里发言的群众，管理员可以酌情考虑请出。"群主在发话之后，管理员"WYL"便开始在群里广播，"5 分钟后，将对群里潜水超过半年不发言的部分群众进行清理。如有发现自己被清理者，可与我联系。"而 5 分钟以后，群内人数便由原先的156 人降为 142 人。事实上，这一措施是阶段性的，即每过一阶段，群主或者管理员都会将一些人清理出去。另外，群主还有对此措施的解释权力。例如，LB‐WC 原先在群里，但后来被"请出群"了，当他再次进群的时候，便在群里发问，

LB – WC 16:38:40

我以前就在这群里,谁把我踢了

LD – LJH 16:40:55

被踢的最主要原因,无怪乎是长期潜水不发言。

针对 WC 的问题,其他管理员并没有回答,而是等待由群主出面做一解释。另外,群主在群内也公开声明,如有异议,可以跟其联系。

其六,线下聚会等活动往往由群主组织,而地点的选择多在群主居住地附近。

余高辉曾通过对微软俱乐部 QQ 群的研究,发现一个群体中存在一些核心人物,他们处于网络的中心地位,具有一定的活动参与度,并引导着整个群体的运作。① 根据对"SZ 人在北京"QQ 群组的观察,在这一不同于俱乐部 QQ 群的同乡社会网络中,管理员与群主之间互动频繁,而大部分的"群众"则位于边缘位置,形成了一个以群主为核心的"中心-边缘"的社会网络结构。并且,这种同乡整体社会网络逐渐朝着一个以群主为中心的社会行动者社会网络的方向发展。正如传统乡村社区中的精英一般,群主俨然是虚拟同乡社区中的精英。这种群主-管理员-"群众"的中心-边缘结构颇似传统乡村社区中的社会结构。

由上述这两项研究可见,在社会关系网络结构中,包括基于信息传播技术而构建的社会关系网络中,由于社会成员之间能量的流动,从而形成了中心-边缘的社会能量分布结构。

正如上述,无论是群体能量,还是社会关系网络能量,本质上既包括其

① 余高辉、杨建梅、曾敏刚:《QQ 群好友关系的复杂网络研究》,《华南理工大学学报(社会科学版)》,2011 年第 4 期。

成员的社会能量,又作为社会成员联合而成的能量形式。我们可以将其视为由个体社会行动者所构成的能量场,场域影响着能量场。在这个能量场中,社会行动者能量实现交融。

这种群体能量/社会关系网络能量,无论是物质态,还是符号态,其成员都能够感知到它的存在。鉴于能量的流动性特征,就群体能量/社会关系网络能量的物质态而言,前述,我们探讨在群体/社会关系网络中能量的流动和分布现象。就群体能量/社会关系网络能量的符号态而言,其也存在能量的分布现象。例如,在群体/社会关系网络中,个体社会行动者与某个能量场中心的关系强,那么他/她便能感受到能量的增强,否则,个体社会行动者即便是在这个社会关系网络中,但是仍然会有某种游离感,存在融入度不高问题。此外,相对于关系网络外的社会行动者而言,关系网络内的社会行动者能够感受到能量的增强。

因此,就处在这个社会关系网络内的个体社会行动者而言,不同的社会行动者自身的社会关系网络质量存在差异,他们各自与能量场中心的关系质量也不同,这使得社会行动者能够感知到的社会能量是有差异的,有的社会行动者感知到能量聚集物较大,因此增强了或意识到了更强的社会能量,有的社会行动者则往往相反。

第三章　信息传播技术、贫困赋能与社会能量的增强

在各种媒体报道中,经常见到关于"赋能"的概念。以"赋能"为关键词,在百度中检索,会发现有很多以"赋能"为标题内容的资讯,例如,《科技赋能健康生活》《特抱抱赋能全国各地,为脱贫攻坚注入新"活水"》《"新基建"为闽北农业发展赋能》等资讯,"赋能"显然与本书所谓的"能量"相关。

从企业发展来说,可以赋的包括:资金、技术(专利)、市场、管理、渠道、人力、制度、知识产权等。[1] 依据前述的分析,"赋能"所赋的应为能"源"、能"量"、能"力"。"赋能"是指对社会行动者能量的"赋予",是对社会行动者原本能量的增强而不是取代,本质上还是要让社会行动者作为行动的自觉主体。

本章聚焦"贫困"这一社会场域,分析无论是作为工具的 ICT,还是作为生态/环境的 ICT,通过对贫困者赋能以促进其社会能量增强的现象。

---

① 《赋能是什么,你真的懂吗?》,搜狐网,https://www.sohu.com/a/257465819_578127。

一、"贫困"新论——社会能量的视角

与绝对贫困相比,相对贫困是一种浮动的贫困标准,即相对于整个国家而言,处于社会底层的人们(不管他们的生活方式如何)被认为处于低下水平。例如,那些拥有充足的事物、衣服以及住所的人,如果生活在发达国家,很可能被认为是贫穷的,因为他们不能购买到所在国家认为重要的但并非生存必需的东西。同样的,根据发达国家标准被定义为贫穷的人,根据全球的标准可能被认为是富裕的人,毕竟,饥饿和饥荒仍然是世界许多地方面临的现实问题。① 对此,阿玛蒂亚·森认为,贫困不仅是低收入,而且实质上是能力的丧失,更确切地说是一种被剥夺"可行能力"的状态。森通过"可行能力"对贫困的解读使我们认识到,要了解贫困,就不能单从收入的角度来定义贫困,加深了人们对贫困本质和根源的理解。有的研究者从文化层面来探讨贫困发生的原因,认为贫困的症结在于贫困文化,只有改变穷人的价值观和生活方式,并使他们产生内部动力和工作热情,才能真正摆脱贫困。②综合来看,学者们分别从收入、能力、权利以及文化等层面去探讨贫困发生的原因,这些对本书也颇有启发,尤其是森的能力理论更是直接与本书的主题相关。

如何利用信息传播技术促进贫困问题的解决? 对此,社会能量是一个值得关注和探讨的新的视角。如前所述,社会能量包括社会物理、社会生理、社会心理、社会关系以及社会符号能量层面。社会能量是包括能量资源即能"源"和能"力"的一体两面结构。从社会能量的视角观之,可以从静态

---

① ［美］乔恩·威特:《包罗万象的社会学》,王建民等译,人民邮电出版社,2014 年,第 217 页。
② 李小云主编:《普通发展学》,社会科学文献出版社,2005 年,第 216 页。

和动态层面去看待和分析贫困现象。

从静态视角来看,社会行动者所拥有的能量资源是不一样的,有无之别,多少不一,对于有的社会行动者而言,其完全没有相关的生计活动所需要的能量资源;而对于有的社会行动者而言,对于其需要从事的生计活动而言,其所拥有的能量资源不足,致使其无法开展生计活动,从而导致贫困。

从动态视角来看,能"力"层面的能量本身便是动力学的。社会行动者的生计活动便是一种社会能量的体现。这同样也存在有无之别,多少不一。对于有的社会行动者而言,其所施展的能"力"不足以开展成功的生计活动或者可持续的生计活动,例如有的是因为体力等生理方面的原因,有的则是因为心力等心理方面的原因,有的则是因为社会关系匮乏等群力方面的原因等。

这种视角不再像传统的贫困研究一样将贫困仅视为贫困者收入等的不足,而是既看到贫困者他所拥有的资源,也看到这种所拥有的资源对其生计活动或可持续性的生计活动是不足的,从而避免了前述将贫困仅视为收入等不足的偏颇。

如表5所示,贫困者作为社会行动者,其自身的社会能量同样包括社会物理能量、社会生理能量、社会心理能量、社会关系能量以及社会符号能量。根据前述对于社会能量的界定,这些社会能量都同时包含静态和动态层面,即作为能量资源的能"源"和能量表现的能"力"。

表5　社会能量视角下的"贫困"

社会能量			贫困者的社会能量					作为生态／环境的ICT	作为工具的ICT	信息传播技术
			物理	生理	心理	关系	符号			
	能"源"（静态）	＋								
		－								
	能"力"（动态）	＋								
		－								
就业										
创业										
贫困者的生计										

　　贫困者的生计活动可以分为就业和创业活动。正如前述,这些能"源"或能"力"依据贫困者的生计活动有正负之分,"＋"即代表贫困者已经拥有的开展生计活动所需要的能"源"或能"力";而"－"则表示对于贫困者开展生计活动或生计活动的可持续性而言,所欠缺的能"源"或能"力"。这些能"源"或能"力"有物理层面的,如土地、房屋等;有生理层面,如身体状况等;有心理层面的,如心理状态等;有关系层面,如亲戚、朋友等;有符号层面,如所处群体的文化等。而贫困者的生计活动需要整合其自身所拥有的社会能量。

　　此处有必要提及"可持续性生计"这个概念。可持续性生计框架中的五大资本从资本的角度界定了社会行动者进行生计活动所需的资源。本书则从能量的角度对社会行动者的生计活动进行分析,关于社会资本和社会能量的异同,本书已经在"导论"中论及,此处不再赘述。如果从能量的视角观之,那么社会行动者的生计活动则涉及前述的社会物理能量、社会生理能量、社会心理能量、社会关系能量和社会符号能量。由此可见,资本视角的可持续性生计框架,强调了社会行动者的物质资源包括自然、物质和金融,而能量视角的可持续性生计框架,则对社会行动者的"人"进行了强调,既包括资源层面的身体、心理和社会关系,也包括动态层面的能"力"。既强调了来自社会场域中的资源等结构性要素对社会行动者的制约,同时也强调了来自社会行动者的自我反思能动性。

例如,有的贫困者将有限的能量资源甚至是关键性的能量资源消耗在非生计活动中。① 贫困者并没有将金钱消耗/投入在自身的生计活动中,而是消耗在了娱乐等场合。对于贫困者的生计活动而言,虽然生计活动需要整合前述的五种社会能量资源,但是整体上而言,这五种能量资源的关键性是不一样的,有的如物理能量资源有时则相对更重要一些。因此,虽然贫困者参加包括世俗和宗教的节日,即便能够增强贫困者的社会关系能量资源,但是往往对于其生计活动而言并不能起到直接的作用。对于这一点,在国内也有一些相似的案例,例如,农村即便收入比较低,但是有的农民仍然将大笔开销放在人情上。虽然正如上述,这种行为有利于拓展社会关系能量资源,但是如果过度投入在这方面的话,则会显然影响贫困者其他社会能量资源的存量,影响贫困者的生计活动。据报道,重庆市梁平区农村人情消费虽然有了明显下降,但是人情消费在支出中的占比依然较大,给当地农民的生活质量带来了负面影响。②

此外,本书的主题是探讨信息传播技术和社会能量,国际电信联盟(ITU)确定 2020 年第 51 个世界电信和信息社会日的主题便为"连通目标

---

① [印度]阿比吉特·班纳吉、[法]埃斯特·迪弗洛:《贫穷的本质》,景芳译,中信出版社,2013 年,第 34~35 页。

② 《梁平区:农村人情消费下降 但依然占比较大》,华龙网,http://say. cqnews. net/html/2018 -06/08/content_44451799. htm。

2030:利用信息传播技术促进可持续发展目标(SDG)的实现"。因此,聚焦在本章,我们将信息传播技术细化为作为工具的 ICT 和作为生态/环境的 ICT,去分别探讨信息传播技术介入对贫困者社会能量的影响。如上所述,我们便得到了一个从社会能量视角审视的"贫困"表。

从社会能量视角看脱贫,实际便是贫困者社会能量的增强。这包括社会物理能量、社会生理能量、社会心理能量、社会心理能量以及社会符号能量的增强。信息传播技术能够帮助实现这一目标。我们下面从作为工具的 ICT 和作为生态/环境的 ICT 两个层面来进行梳理和探讨。

二、作为工具的 ICT、贫困赋能与社会能量的增强

对于信息传播技术在帮助贫困人口脱贫中所起到的作用,穆罕默德·尤努斯在 2006 年的诺贝尔和平奖获奖致辞中说:

> 信息通讯技术(ICT)正在快速改变这个世界,创造了一个没有距离、没有边界的即时通讯世界。日复一日,它变得越来越便宜。我认为,如果这种技术能够来到贫困人群中,满足他们的需求,那么,贫困人群的生活就有可能得到改变。
>
> 我们将 ICT 带到贫困人群中的第一步,就是建立了一个移动电话公司,格拉明电话公司。乡村银行贷款给贫困妇女,让她们能够购买移动电话以便在乡村提供电话服务。这里我们看到了小额信贷与 ICT 的协同作用。电话业务取得了成功,并且成为当地贷款者所垂涎的企业。①

---

① ［英］范达娜·德赛、罗伯特·B. 伯特:《发展研究指南》,杨先明、刘岩译,商务印书馆,2014年,第 100 页。

由此,我们看到了 ICT 在促进贫困者脱贫进程中所发挥的工具性作用。从社会能量的视角观之,作为工具的 ICT 有助于贫困者社会能量的提升,从而有助于贫困者组织就业或创业等生计活动。

(一)信息传播技术促进社会行动者生理能量的增强

信息传播技术通过对社会行动者的"赋能",尤其是对个体身体的赋能,使得其社会能量增强。在贫困者贫困的原因中,因自身生理原因而导致生计受限的大有人在。显然,利用信息传播技术帮助贫困者改善提升其生理能量,能够以此提升其开展生计活动所需的能量资源和能力。1983 年,联合国对损伤、残疾和残障进行如下区分:损伤(impairment):任何心理、生理或解剖学上的损伤或畸形。残疾(disability):能力的任何局限或缺乏(由于损伤引起的),这些能力是实现通常人们认为正常范围内活动所必需的。残障(handicap):由于损伤或残疾导致的特定个体的弱点,有赖于该人的年龄、性别、社会和文化因素。[①] 通过上述界定,我们可以发现,损伤和残疾便是由自身生理原因导致的;而残障则不仅有个体生理原因,同时亦有社会文化因素所导致的。残疾处于生物概念的残损和社会环境概念的残障之间。[②] 但是总体而言,无论是损伤,还是残疾,抑或是残障,都会导致社会行动者社会能量的变化,且往往是变弱。借助信息传播技术,则能够对其生理能量进行赋能,从而提升其开展生计活动所需的能量资源和能力。

1. 通过接合而赋能

身体健康意味着身体功能性和结构性的完整。物质的或经验的身体是可腐朽性的,正是由于身体无法摆脱先天缺陷或后天伤残的困扰,信息传播

---

① [美]保罗·诺克斯、史蒂文·平奇:《城市社会地理学导论》,柴彦威、张景秋译,商务印书馆,2005 年,第 299~300 页。

② [英]莱恩·多亚尔、伊恩·高夫:《人的需要理论》,汪淳波、张宝莹译,商务印书馆,2008 年,第 219~220 页。

技术才在修复身体缺陷方面发挥出了它的作用。例如,在 2019 年的中国 – 东盟博览会上,来自中国台湾的一款可站立行走的轮椅吸引了参会者的关注,借助这款轮椅的帮助,即便是行动不便的人也能站起来。这种替代主要表现在功能和结构两个方面。当然,身体结构方面和功能方面的替代是相关的。以身体功能方面的替代为例。由于物质身体的可腐朽性,身体功能方面不可避免地遭受先天或者后天的缺陷,对有缺陷的身体而言,就可能要通过技术手段进行修复,以趋向正常的身体。

这是一种基于修复的身体替代,技术身体取代了物质身体,在结构和功能上起到了替代性作用,从而帮助社会行动者实现生理能量的提升。当然,可能会有人提到这种接合,对于贫困者而言的可负担性问题,在此,我们仅从可能性探讨,由于可负担性涉及社会性,我们在其后再进行分析。

2. 通过结合而赋能

当然,技术的发展不会仅仅停留在弥补身体缺陷的状态中,而是不断地满足基于促进、加强、提升或放大身体知觉,从而丰富和拓展身体的体验。关于身体延伸,除了希林提出的"技术化的身体"的说法之外,加拿大媒介环境学者麦克卢汉曾提出"媒介是人的延伸"的观点。例如,借助智能外骨骼机器人,人类可以及时感知轻微变化,极大地拓展延伸了人类的能力。再如,对于视障者而言,视障产品借助 AI 技术中语音识别、图像标签、图片翻译等技术,能够帮助视障者参与到直播创业中,通过 ICT 赋能实现脱贫。

对此,有学生在其自我报告中便指出:

像推出的智能通话助手,让聋哑人也可以打电话,让这些因身体缺陷找工作有困难的人通过小米手机也可以去当外卖骑手,或许语音助手能够成为一些身体有缺陷的人的得力工具,成为他们身体的延伸,失明的人可以通过语音操控手机,其他身体有缺陷的人也可以通过语音助手来更好的使用手机。随着科技的进步我们逐渐有能力来帮助那些身体有缺陷的人,科技发展的红利应该分到每个人身上。语音助手只是一小方面,相信随着 AI 的发展会有更多的技术使残疾人生活得更便捷。①

由此,信息传播技术通过与社会行动者的结合,赋能社会行动者,拓展了社会行动者的生理能量。

3. 通过融合而赋能

据报道,现在已经出现可以进行思维控制的假体。患者通过使用可以进行思维控制的假体,实现假体和人体的高度融合,这种先进的机器人技术与医疗假体的融合帮助患者恢复了运动和感觉能力,借助思维控制,人造手臂变得更"有机",并且与患者的动作、思维和身体也更加协调。②

此外,美国学者詹姆斯·亨德勒等指出类似植入式脑机接口的可插入式设备(可被移除的小型植入装置)目前正在研发之中,也正变得越来越受欢迎。正如我们能够在宠物或农场养殖的动物中放置微型芯片来监控家畜一样,目前正在开发的可插入设备还可以提高我们的认知和生理能力,并能够执行一些非常具体的任务。③ 当然,作者也指出,随着这些设备的开发、测试和广泛应用,制定加强质量控制以及设备的分发使用的标准和政府法规,从而提高患者的安全性,也是非常重要的。

4. 通过协合而赋能

人工智能和机器人是新一代信息传播技术。随着 AI 和机器人技术的进

---

① 郭湧壬:《生活中的语音助手》,课程作业,北京邮电大学,2020 年。

② 《他的机械臂可由思维控制:"半机械人"的生活好过吗》,网易网,http://tech. 163. com/18/0204/11/D9Q26RMQ00097U7H. html。

③ [美]詹姆斯·亨德勒、爱丽丝·M.穆维西尔:《社会机器:即将到来的人工智能、社会网络与人类的碰撞》,王晓、王帅、王佼译,机械工业出版社,2017 年,第 144 ~ 145 页。

步,使得机器人越来越作为一种身体现象,即能够与人类智能体相互协作的身体化技术面貌而出现。虽然目前为止,人工智能仍然在本质上可以看作是人的身体的延伸和增强,但我们需要注意,随着人工智能技术的进一步发展与成熟,人工智能又进一步从"身体的延伸和增强"发展到"身体化的技术"的趋势,技术正在越来越智能,正在越来越独立于人的身体,从而成为"身体化的技术"。"技术化的身体"强调技术对身体的修复和替代,是作为物质身体的一部分而呈现的;"身体化的技术"则强调了技术作为身体的类身体现象。技术不是作为身体的一部分,而是作为身体本身的面貌出现,即不再只是涉身主体,而是本就是身体主体,这是一种革命性的变化。① 服务机器人在可预见的未来,将会成为人类交流互动的对象,人们将不得不学会与机器人相处。现在,各种服务机器人已逐渐进入千家万户。因此,智能机器人将会成为一种趋势,即对社会行动者而言,你不得不与机器人打交道,通过人机协作和协合而赋能。

社交机器人的出现,使得机器人就像人类的朋友,机器人作为独立的智能化"身体"面貌而出现,只不过这是一种技术的"身体",体现出身体化技术的成果。例如,Ikki 是一个高度智能的社交机器人,形似企鹅,它能够与陪护对象一起唱歌、读书和玩游戏,就像一个朋友一样提供陪伴,包括测量体温,提醒孩子吃药等。② 再如,养老陪护机器人"马里奥"能聊天气,能够通过装配的传感器,帮助患者寻找失踪的个人物品,它还能在患者需要的时候发出紧急求救。③

---

① 高崇:《人工智能社会学》,北京邮电大学出版社,2020 年,第 26~27 页。
② 《为病人减轻苦痛! 机器人可以给予患者更多的陪伴》,人工智能实验室网,http://robot.ailab.cn/article-85048.html。
③ 《外媒:机器人成痴呆患者好帮手 能聊天能紧急呼救》,人工智能实验室网,http://robot.ailab.cn/article-83321.html。

（二）信息传播技术促进贫困者社会关系能量的增强

在信息传播技术促进发展（ICT4D）研究领域中，有的研究者便从社会资本的角度探讨了 ICT 对贫困者社会资本的影响。该研究认为，手机不论是在保存重要合作伙伴的联系方式上，还是在经营活动中作为连接社会网络不可或缺的重要手段，还是自雇用者对它的依赖程度和使用频率上，都可以表明手机连接着机会、信息和资源，它与生计息息相关，维系着自雇用者赖以生存的核心资源。[①]

在微观层面上，社会资本和社会能量都是指流动或储藏在社会关系中的资源。当然，社会关系能量又不仅仅局限于这种静态层面上的资源，也可以指动态的能"力"，即利用资源去做事情。在这个意义上，信息传播技术能够促进贫困者社会关系能量的增强。这又可以表现在两个方面：一是贫困者借助信息传播技术，实现了在新的 ICT 部门的就业，从而实现了脱贫；二是贫困者借助信息传播技术，实现了创业，从而实现了脱贫。

1. 通过信息传播技术实现了就业

下面，我们主要是通过媒体报道的相关案例来进行分析。在《人工智能培育师：贫困户的新职业》这篇报道中，主人公是一名当地的建档立卡贫困户，全家跨区域搬迁到一处新建立的易地扶贫安置点。在当地社区的联系和帮助下，主人公开始参与培训，最终顺利通过了 AI 标注测评考试，进而顺利地成为一名人工智能培育师。这是一个新的职业，主要工作就是做 AI 标注，也就是说，每天需要对海量图片信息进行人工分类、标记，帮助机器"消化"这些海量图片信息。对于贫困户而言，这显然多了一条脱贫致富的道路，无论是男性还是女性，在家门口就业，既学习到了新的技能，也能照顾到

---

① 樊佩佩：《从传播技术到生产工具的演变——一项有关中低收入群体手机使用的社会学研究》，《新闻与传播研究》，2010 年第 1 期。

家庭。①

在上述案例中，我们可以看出，对于贫困人口而言，人工智能行业给他们提供了一个就业机会，通过做数据标注服务获得相应的报酬，解决了基本的生计问题。

2.通过信息传播技术实现创业

贫困者或社会行动者亦能够借助信息传播技术，实现轻创业，以解决基本的生计问题。据报道，位于湖南省中部偏西南地区的一个发展较为落后的县生产金银花、猕猴桃，虽然这些作为当地特产，质量很好，但是难以转化为当地老百姓实实在在的收入。面对此种情况，当地一些有想法的村民便想着借助信息传播技术，将这些特产信息传出大山。一些信息传播技术平台也都相继出台扶贫惠民政策，通过流量倾斜等方式，帮助这些有想法的人实现创业致富梦想。②

在上述案例中，我们可以看到，这些农人借助信息传播技术，在微博、微信、抖音、快手等信息传播技术平台上，成功销售了自家的农产品，实现了致富。这便是我们在此所谓的信息传播技术增强了贫困者的社会关系能量，因为无论是微博、微信也好，还是抖音、快手，贫困者在这些平台上经过自身的努力，再加上平台公司的流量支持，一下便极大地拓展了农产品销售的市场空间。

三、作为生态/环境的 ICT、贫困赋能与社会能量的增强

需要指出的是，我们在此所谓的作为工具的 ICT 和作为生态/环境的

① 汪军、吴思：《人工智能培育师：贫困户的新职业》，百度网，https://baijiahao.baidu.com/s?id=1658218445059456897&wfr=spider&for=pc。

② 铁林：《顶级互联网公司潜入国家贫困县，如何给到流量又给钱？》，刺猬公社，https://mp.weixin.qq.com/s/k5FmyIUZ35DfJbjMHINboQ。

ICT,主要是从贫困者/社会行动者视角进行划分的。ICT 能够直接为社会行动者所使用,那么 ICT 便是作为工具的角色而出现的。否则,便是作为生态/环境的角色。前述,信息传播技术是作为工具的角色而出现,即对于社会行动者而言,能够直接借助信息传播技术实现生理能量和社会关系能量等的增强。同时,不容忽视的是,信息传播技术也能够作为某种生态/环境,即通过营造某种有利于贫困者/社会行动者生计的环境,赋能贫困者/社会行动者,从而有助于贫困者物理能量、心理能量和符号能量的增强。

(一)ICT 作为平台,赋能贫困者

例如,据媒体报道,2018 年 11 月 29 日,由今日头条与甘肃省委网信办联合开展的"山货上头条·我为甘肃农产品代言"活动,走进国家级贫困县甘肃省静宁县。当天,头条号创作者和静宁县当地干部一起,利用今日头条的直播技术宣传静宁苹果品牌,吸引全国网民参与地方扶贫。今日头条作为短视频内容发布平台,同时拥有丰富的大数据和人工智能推荐技术,用"山货上头条"把供需双方连接了起来。① 再如,据媒体报道,官员直播带货等其实仍然是借助信息传播技术平台,帮助贫困者或贫困地区销售产品的一种形式,本质上仍然是社会能量赋能。

(二)ICT 作为环境,赋能贫困者

这种信息传播技术对社会行动者环境的改造主要体现在:

1. 信息传播技术对物理环境的改造和提升

联合国制订的《残障人士权利公约》曾经专门指出,"要能够使残障人士独立生活,充分参与各方面生活,政府部门应该采取适当措施确保残障人士能够跟其他人一样有平等的权利进入物理环境,使用交通工具,使用信息和

---

① 《"今日头条"用人工智能扶贫!卖苹果效果好获静宁县副县长点赞!》,中国经济新闻网,http://www.pingliang.gov.cn/pub/gsjn/xwzx/tpxw/201712/t20171218_259105.html。

传播工具,包括信息和传播技术与系统,以及其他一切向整个社会包括城市和农村区域开放的设施和服务等"①。因此,在智能环境系统构建的过程中,应该借助人工智能技术的落地应用,通过智能设施、无障碍化设施,在社会生活中充分满足身体残障人士的社会需求。例如,北京邮电大学2019年第四届"雏雁计划"获选项目中,有些项目便是专注于改善盲人或老年人群体的相关能力。

面向盲人的智能声控取物装置;

基于模式识别的盲文阅读指套;

盲人之眼;

便携式盲人智能导航系统;

盲人智慧出行小车;

以智能冰箱为核心的独居老人家具系统;

基于物联网的安全出行智能拐杖;

基于大数据的社区养老服务信息整合分析;

针对老年人的智能医疗养护系统;

智能助力老人拐杖;

"爱惦念"——老年人摔倒智能急救设备;

……②

在中央网信办、国家发展改革委、国务院扶贫办、工业和信息化部联合印发的《2018年网络扶贫工作要点》中部署了5个方面21项重点任务。正

---

① *The Convention on the Rights of Persons with Disabilities (CRPD) Article* 9,Un,https://www.un.org/development/desa/disabilities/convention – on – the – rights – of – persons – with – disabilities. html。

② 高崇:《人工智能社会学》,北京邮电大学出版社,2020年,第89~90页。

如前述,信息传播技术要在社会行动者的社会能量建构上发挥功效,则首先得需要有硬件设施,主要指的是数字基础设施。例如,光纤、发射塔等能够使社会行动者连接固定和移动互联网的基础设施。而这些设施的缺乏,将给社会行动者吸收社会能量带来困难。例如,在 2020 年的新冠肺炎疫情防控期间,很多大学生按照防疫要求,居家学习,网上听课,但是在一些地区,由于缺乏硬件条件,导致网上听课带来困难。

> 我们是云南省楚雄彝族自治州鹿城镇新村村委会舒地冲村的村民。村子坐落于山区中,离城镇距离近 50 千米远,舒地冲村共有 20 户,86 名村民,我们这里有常住人口近 65 人,由于离城镇远又地处山丘,覆盖网络信号基本为零,⋯⋯目前困扰最大的就是网络信号覆盖问题,⋯⋯每天都要联系孩子,指导他们的学习。在疫情影响下,城里小孩都在网上教学,农村小孩就只能等着开学,希望领导给予我们舒地冲村组解决下信号问题。①

2. 信息传播技术对经济环境的改造和提升

信息传播技术在促进信息社会发展上作用明显。例如,中国联通在工业互联网、新媒体、智能交通、智能医疗、智能教育等领域为成千上万的行业赋能并改变经济和社会发展。在社会治理上,它通过数字管理和明智的决策深刻地改变社会服务管理方法;在生产方式上,采用智能化生产,网络协同等方式促进产业转型升级;在生活方式上,通过高清视频,VR / AR 等改变了人与人之间、物与物之间的交互体验方式,使人们的生活变得更加美好。②

---

① 《请求支援为当地建设网络信号塔 疫情期间孩子法上网课》,华声在线,https://ts.voc.com.cn/touch/question/view/2017692.html。

② 王晓初:《积极推动信息传播技术赋能信息社会发展》,《人民邮电》,2020 年 5 月 17 日。

也正是通过这种在各行业的赋能,使得 ICT 越来越作为一种环境,为贫困者的脱贫奠定了数字基础。

人工智能作为新一轮产业变革的核心驱动力,催生了一批新的技术、产品、产业、业态、模式。随着制造强国、网络强国、数字中国建设进程的加快,在制造、家居、金融、教育、交通、安防、医疗、物流等领域对人工智能技术和产品的需求将进一步释放,对相关人才的需求也会越发强劲,创造出大量新的就业岗位。

3. 信息传播技术对社会治理等方面的影响和提升

信息传播技术在这方面的影响主要表现在提升社会治理的效率和透明度等,为扶贫脱贫构造出良好健康的社会治理环境。例如,Oneworld 是一家位于英国的非政府组织。它曾经在塞内加尔、马里、几内亚比绍、布基纳法索等非洲国家以及缅甸开展过发展项目。在塞内加尔,他们联合技术人员研发了"real-time election monitoring platform",帮助当地公民团体实时提供他们所需要的选举信息,以回应可能存在的选举舞弊,以使当地官员为公平而可信的选举结果负责。为此,项目组在选举日前后提供了一个整体性的方案,主要包括:一个跨媒介的公民教育工具:公民社会行动者及团体可以通过手机 App、SMS、打电话、发邮件或脸书留言等方式咨询相关问题;开展媒介培训和媒介监测;开展长时段的观察:有关选举前相关选民登记、造势活动等以及选举后选举基金的滥用、暴力活动等的监测报告;一个"Ask Your MP"工具,这个工具可以使选民通过 SMS、邮件或者脸书等方式直接与选举官员相联系。上述案例旨在说明,通过信息传播技术提升社会治理效率和透明度,有助于赋能贫困者,从而创造出有利于脱贫的社会治理环境。

如上所述,我们从作为生态/环境的 ICT,探讨了 ICT 赋能贫困者/社会行动者的环境。如果说,作为工具的 ICT 是对贫困者个体的直接赋能,那么此处作为生态/环境的 ICT,从系统功能论的角度来看,便是对社会整体的赋能。

四、数字贫困与社会能量的吸收差异

信息传播技术的发展,一方面给贫困者的生计活动的开展带来新的可能性、新的社会能量,另一方面,我们也要意识到,即便如此,贫困仍然存在,因此我们不能陷入技术决定论的窠臼,需要注意到"数字贫困"这一新的现象,从技术–社会的视角去探讨原因。

(一)什么是"数字贫困"

数字贫困表现为:其一,主体在各种数字设备或智能设备接入方面的困难,例如,有的地方没有移动网络信号等导致无法使用智能设备;其二,主体因为各种包括文化、经济等在内的原因无法接近进而使用数字或智能设备;其三,主体因为难以负担数字成本,或者缺乏使用动机等而没有使用智能设备;其四,主体虽然购入或者得到了智能设备,但是在具体使用上并没有用来提升自身的生计资本,此外,虽然能够利用数字或智能设备获取外界生计信息,但是缺乏相应地利用这些信息提升自身生计资本存量的行动资源。

在前述"信息传播技术与社会能量"理论框架中,我们谈到社会能量的吸收、释放、转化要受到社会场域的社会文化因素制约,同时来自社会行动者的自我反思能动性也在起作用。即社会行动者的社会能量在被各种社会场域中的结构性因素作用的同时,经过批判的反思,通过社会行动者的反思能动性,能够经由对能量的应用,将包括潜在和显在在内的各种能"源"转换为包括可行能力和实际能力在内的各种能"力",从而既摆脱结构性因素的影响,同时也对场域产生影响。因此,在脱贫这一场域中,我们要看到,贫困者的生计活动受到其已有的社会物理能量、生理能量、心理能量、关系能量和符号能量的制约,以及社会能量所处的社会场域的社会文化因素的影响。

贫困者的行动指向多数是使自身能量与所处社会文化环境相一致,其本身的能量也是受到所处社会文化结构的。从关于贫困人口的一些媒体报道或者文学作品的内容中,我们可以看到这种结构性的制约力量。由此可以看到,贫困者受当下生存问题的制约而难以有更长远的计划。

当然,仅仅看到如此,显然是不够的,否则,社会行动者便是一个被动的存在,实际上,根据前述"信息传播技术与社会能量"理论框架,社会行动者能够有自我反思的能动性。即反思如何利用已有的社会能量存量,以及如何对待来自外界的社会能量赋能,也是至关重要的。前者涉及贫困者的精神脱贫或脱贫动力问题,后者则涉及社会能量的吸收问题。

(二)信息传播技术与贫困者的脱贫动力

贫困者之所以贫穷,从能量的角度而言,是因为他们被社会文化所结构了,缺少反思能力,即所谓的缺少动机。这就需要批判思维,因为这些人没有认识到可以经过反思调动自身的社会能量。正如学者刘易斯所指出的:"棚户区的孩子,到6~7岁时,通常已经吸收贫困亚文化的基本态度和价值观念。因此,他们在心理上不准备接受那些可能改变他们生活的种种变迁的条件或改善的机会。""穷人基本不能依靠自己的力量去利用机会摆脱贫困之命运,因为他们早已内化了那些与大社会格格不入的一整套价值观念。"[①]由此导致了贫困者精神性贫困。

精神性贫困强调了致贫的精神、心理因素。而这种弱者的心理、文化,至少有一种解释认为,先期政策的诸多倾斜,使一些贫困人口被边缘化,并使其处于不利的竞争起点,同时这也进一步打击了其积极进取的精神劲头,沉淀了其消极心态。所有这些都挫伤了这部分贫困人口的积极性,形成了一种随遇而安、不图进取的心态,从而不愿意做出任何能够带来改变的选

---

① 周长城、陈云:《贫困:一种社会资本视野的解释》,《学海》,2003年第2期。

择。正如诺贝尔奖获得者、著名经济学家缪达尔曾强调的:"不发达国家民众巨大的贫困至少部分是由于他们的宿命论、他们的麻木和他们对于改变观念和制度、推广现代技术、改善卫生条件等努力的冷漠。"①他们进而习惯以一种弱者的形象示人,缺乏自立自强的奋斗精神,缺乏克服困难的勇气,从而缺乏主动去克服困难的行动,丧失了"存在"的能力。

借助信息传播技术,应进行伦理关怀,努力唤醒其发展意识以及创新意识。而发展也即创新。所谓伦理关怀,即应该非常重视对贫困人口的精神关怀,把贫困人口自信心、创新意识的唤醒作为关怀的最终目标,借此最终使其达到政治上自决、经济上自救和生活上自助的目标,这是能力建设的一个首要方面,同时也是"自立式受援"②的核心。只有一个自主的人,一个能够为自我存在、自我负责的人才能具有可持续发展性,因为人是自我发展的最根本手段。项目干预能否取得可持续效果,关键要看受援人能否真正自立。美国著名发展研究专家诺曼·厄普霍夫便认为,"如果他们要想在有生之年改变贫穷无保障的命运,他们就应当将他们的未来掌握在自己的手里"③。

正如前述,与资本视角的可持续性生计框架相比,能量视角的可持续性生计框架更强调社会行动者或者说更强调"人"的因素,即社会行动者的生理能量、心理能量和社会关系能量以及符号能量。因此,从这个角度出发,如何激发社会行动者的积极性便是一个关键点。来自社会行动者的自身因素仍然是很重要的,这直接决定了社会能量赋能的效果。这种社会能量的赋能,仍然需要社会行动者自身的反思性成长,以将所赋之"能"与自身所唤醒的作为资源和能力的能量相结合。但是即便如此,我们从上述的分析中

---

① 李力明:《消除贫困的一个重要环节:精神扶贫》,《学习导报》,1999 年第 3 期。
②③ [美]诺曼·厄普霍夫:《成功之源——对第三世界国家农村发展经验的总结》,江立华等译,广东人民出版社,2006 年,第 10 页。

仍然可以发现,贫困者的脱贫动力的缺失和培养也是受到了社会场域中社会文化因素的影响的。

(三)信息传播技术、贫困赋能与社会能量的吸收

信息传播技术赋能赋的是能"源"、能"量"、能"力",这表现在可供性、可近性、可用性方面。数字基础设施的铺建,解决的是有和无的问题,是"源"的问题。接下来,是能否使用的可用性,即"量"的问题。能"力"表现在对信息传播技术的使用上,即如何使用。因此,除了上述,在数字基础设施、数字基础设施的禁用和使用权利等方面造成的贫困之外,社会行动者对社会能量的吸收差异也需要考虑在内,这也是数字贫困的表征之一。

因此,正如上述,无论是作为工具的ICT,还是作为生态/环境的ICT,对于贫困者/社会行动者的赋能,都存在一个贫困者的社会能量的吸收问题,或者换句话说,存在一个社会能量传递的效果问题。能量具有可传输性,社会能量亦是如此。能量往往通过介质而传递,社会能量的传递也需要通过介质,包括语言、文字、图片、视频等媒介进行传递。如果我们只强调能量的赋能或传递,尤其是发展领域中的社会能量的赋能,显然有可能会步入魔弹论效果的窠臼,即认为只要有社会能量的传递,那么传递对象便会自然而然的接受。无论是传播学的效果研究,还是其他人文社会科学的接受研究,都发现这显然夸大了传播的效果。在现实中,囿于多种因素,社会能量的传递并不必然意味着被接受。社会能量传递的效果高低要视贫困者的社会能量的吸收情况而定,而社会能量的吸收显然也仍然要受到社会场域中社会文化等因素的影响。

从文学接受理论视角来看,就接受者而言,沃尔夫冈·伊瑟尔等文论家强调读者及其"期待视域"在意义的建构过程中所扮演的角色。与之类似,法国一位理论家强调了普通人的创造性,他们对电视屏幕或其他媒介投射给他们的讯息会积极进行重新解释。此外,还有福柯和利科所使用的"挪

用"等。① 这些文学接受理论成果,承认了接受者对作品解读的多样性。而反观社会能量赋能亦是如此道理。因此,扶贫或者社会能量的赋能,需要考虑到贫困者的吸收问题。许多发展中国家/地区的扶贫发展项目之所以失败,其中一个重要原因便在此,需要注意到发展中国家/地区的政治、经济、文化等层面差异性。

因此,在信息传播技术 4D,即信息传播技术促进发展(ICT4D)中,项目的设计原则之一便是要将用户涵括进来。此外,项目设计的内容要适应当地的环境,要吸引用户的参与,以尽可能保证项目的成功落地应用,并取得预期效果。②

就贫困者/社会行动者层面而言,约翰·普利亚诺曾言:"从自动化革命中获益的关键是以技术作为工具来弥补你自身的弱势,为他人创造产品和服务。"也就是说,人们利用人工智能技术,不仅能够提升弥补自己的社会行动者层面上的"弱势",同时还能够通过为他人创造产品和服务,从社会整体层面提升弱势群体的能力。至于如何用人工智能技术来获得优势,克服自身弱势,约翰·普利亚诺在书中提到:

其一,明确阻碍你事业发展或实现业务目标的缺陷,这可能会很复杂,也可能很简单;可能是个人,也可能是成体系的。比如,你可能口吃,或者没有文凭,或者干脆没有资金投入自己的项目。其二,确定是否存在能解决或可减轻你的弱势的技术。其三,如果存在解决办法:一是现在购买或者将来购买该技术;二是向前推进,就像障碍根本不存在一般;三是将你宝贵的时间和资金用来培养你独特的、与众不同的个人

---

① [英]彼得·伯克:《历史学与社会理论》,李康译,上海人民出版社,2019 年,第 166 页。

② Richard Heeks, *Information and Communication Technology for Development*, Routledge, 2017, pp. 109 – 111.

才能；其四，如果不存在解决办法，那么你的目标将会很难完成：一是放弃你的目标；二是选择一个新的目标；三是从第一步重新开始。①

约翰·普利亚诺给我们提出了一个在智能社会克服自身弱势的可能路径，即利用技术来提升自身的优势。例如，山东曹县安才楼镇一直以来有加工影楼摄影需要的服装和背景的传统。当地青年 FJ，在 2006—2007 年于上海打工期间，接触到了淘宝，他听说做淘宝能挣钱，于是自那时起，他便在网上开设了自己也是当地的第一家淘宝店，销售家乡既有的影楼产品。一开始，周围的乡里乡亲对他的行为不甚理解，认为他在家不外出打工，天天就是上网，是不务正业。那个时候，影楼服装等的销售主要还是线下渠道，由于做网上销售的人很少，因此 FJ 的淘宝生意几乎没有竞争，利润也很高，卖出一件就有几十元的利润。在销售实践中，FJ 逐渐找到了电商销售门路，慢慢地打开了销售市场，也逐渐找到了适合的产品，营业额增长很快。看到这一切之后，当地的乡亲才意识到，FJ 不是不务正业，而是利用电脑技术走在了他人前面，改变了生活命运。② 从上述案例中可以看到，同样是面对电商这一基于信息传播技术的新事物，不同人的吸收是不一样的。当 FJ 已经开始尝试的时候，他周围的村民还是质疑他，因此，这种对待信息传播技术赋能的差异性，也导致了不同的结果。

正是这种贫困者在社会能量吸收上的差异，使得社会能量的赋能带来了不同的结果。霍利曾言："人是作为文化性动物而不是生物性动物对生命网作出反应的。每个新技术的发明或老技术的新使用，不管它的起源，都改

---

① ［美］约翰·普利亚诺：《机器人来了：人工智能时代的人类生存法则》，胡泳、杨莉萍等译，文化发展出版社，2018 年，第 45 页。

② 邱泽奇：《菏泽电商：3＋3》，外唐教程网，https://www.waitang.com/report/15475.html。

变着人和与人有关的有机体的关系,改变着人在生物公社中的地位。"①

　　要发展一个人不可让渡的人的能力,即马克思所说的人的"类存在",以求收获一个具备绝对价值的人,就需要某些社会资源和文化资源,但它们的分配是不均的,这就阻碍了发展对个人实现来说很重要的一些能力的可能性。② 因此,正如上述,我们在关注和探讨信息传播技术对贫困者/社会行动者社会能量赋能的同时,也要意识到,贫困者对信息传播技术的使用和吸收并不是在真空之中的,而必然是嵌入在现有的社会环境之下的,由此,我们强调以人为中心的信息传播技术,强调聚焦社会边缘群体的信息传播技术,注重 ICT 的社会包容性。我们需要认识到的是,如何确保信息传播技术在赋能贫困者,帮助脱贫的过程,避免产生新的数字贫困,拉大已经产生的社会阶层鸿沟。

---

　　① ［美］J. H. 斯图尔德、王庆仁:《文化环境学的概念和方法》,《世界民族》,1988 年第 6 期。
　　② ［英］伊恩·伯基特:《社会性自我:自我与社会面面观》,李康译,北京大学出版社,2012 年,第 197 页。

第二编　社会能量的释放

第四章　信息传播技术、创新与社会能量的活化

"活化"中的"活"意味着生命力、活力,如此,"活化"便含有使某物重新具有活力的意思。显然,社会能量活化的过程便是社会能量释放的过程。如前所述,社会能量是包含能"源"即载能物质和能"力"的一体两面结构。作为资源,社会能量就像火山分为活火山和休眠火山一样,可分为活能量和休眠能量,分为显在资源和潜在资源;作为能"力",社会能量分为实际能力和可行能力。所谓活能量,便是社会行动者在社会行动中充分利用资源做事情时所表现出来的能力。而如果要想发挥休眠能量的力量,那么则需要对其进行活化。由此,如果进一步细分,那么笔者可以将这种能量的活化分为两种类型:一种是潜能的激发,即激发社会行动者社会能量意识;一种是被阻滞能量的激活,即社会行动者因为某种原因,社会能量的释放遇阻,在这种情况下,需要对其能量进行激活。

表6 "信息传播技术、创新与社会能量的活化"表

		信息传播技术		
		作为工具的 ICT		
		作为生态/环境的 ICT		
社会能量	潜能		激发	社会能量的活化
	被阻滞的能量		激活	
		创新		

　　如上表所示,本章主要聚焦"潜能"和"被阻滞的能量"两种社会能量,笔者认为这两种社会能量被激发或被激活的状态,都属于社会能量的活化现象,都是社会创新的表现之一,信息传播技术无论是作为工具还是作为某种环境,都有助于社会能量的活化。前述社会能量具有社会性,社会能量的活化作为能量的生命周期的一个阶段,也同样具有社会性。无论是上述的激发还是激活都是如此。本章笔者探讨的便是在信息传播技术介入下,在创新这个场域下,社会能量的活化现象。

　　社会能量被激发或者被激活,一个重要的表征便是社会的活力,体现为社会的创新的生机局面。其实,无论是激发还是激活,实质上都是将作为资源的能量流动起来,正如前述,流动性是社会能量的特征之一。流动既是能量的特征,同时也能带来能量的变化。社会能量的流动亦需要能量运用的主体以及主体所处的环境具有开放和流动性。历史上的"闭关锁国"本质上就是一种与外界的有限的开放和流动,导致国内社会能量贫乏,社会创新能力不足,也直接导致了跟世界工业革命的脱轨。

一、信息传播技术、创新与潜能的激发

（一）社会潜能与激发

对于社会行动者而言，无论是个人还是组织，都具有一定的社会能量。相对于要做的事情而言，有时候社会能量是足够的，但是因为某种原因（往往来自社会），个体并没有充分意识到自身的社会能量，或者说自身具有较低的社会能量意识，因此，正如在"导论"中所提及的社会能量具有结构性和能动性的双重性所示，此时，社会行动者个体的社会能量意识被社会结构所制约，因此无法释放出来，所以需要激发以释放其自身的社会能量。

例如，自卑被认为是"一种由于自我评价过低而引发的消极情绪体验"①。从社会能量的视角观之，自卑是社会行动者对自我社会能量的评价过低，或者说因为某种原因，没有意识到自身所具有的能量资源。因此，超越自卑便需要激发社会行动者的社会能量意识。下面，我们来看一则具体的社会行动者社会能量被激发的案例。丁同学是一位曾就读于某学院学前教育专业的女生。她说话时容易紧张，表现为脸红且声音颤抖，在跟别人交流时也不敢抬头看人。总体而言，她性格内向且缺乏自信。她自我评价很低，认为自己没有能力完成专业学习所要求的唱歌等课程。丁同学的心理测试结果表明，她的自我评价很低。她认为无论是跳舞、弹钢琴、绘画还是音乐，她都比其他人接受得慢，并且她害怕同学们的嘲笑，以至于她从未参加过任何集体活动。她对人际关系很敏感。在上课时，她总是坐在最后一排的角落里；在社交活动中，她总是认为自己矮小、贫穷，为此感到自惭形

① 张国民：《大学生自卑心理及防治刍议》，《山西农业大学学报（社会科学版）》，2007年第1期。

秒。她认为自己的同学和朋友不了解自己,她也不知道如何表达自己。经过心理干预,通过为其设定合理的教育目标,使丁同学能够体验到信任、幸福和快乐的感觉。同时,也通过争取其父母的支持,为其创造了一个良好的家庭环境。经过一个学期的努力,丁同学的自信心指数升至55%。[①]

在上述这个真实案例中,丁同学并不是做不好,后续事实证明,丁同学无论是跳舞、钢琴、绘画还是音乐,都是可以胜任的。或者说,她是具有做这些事情的社会能量资源的,但只是因为某些原因没有意识到自己的社会能量资源的存在,其自身潜能需要被激发。在心理学中,甚至使用药物如精神促动药物(psychoactive drugs)来阻断或刺激某些反应,以影响个体的知觉、记忆、情绪和行为。[②] 从这个案例中我们可以看到,之所以说能量的活化具有社会性,一方面是因为潜能的激发需要外部社会的支持力量。另一方面也显示出,能量之所以呈现潜能状态,社会因素包括家庭条件等也是一个重要的原因,也包括丁同学身边同学的影响,包括她的舍友和好友,都属于不合群,喜欢独来独往,比较内敛,不会表达自己的情感等类型的人。而这些社会因素也对丁同学产生了影响。

这是一个社会行动者潜能被激发的一般性例子。在本章,我们将聚焦在创新这个场域中,探讨信息传播技术对于潜能激发的影响。可以说,"潜能"是能量被激发、激活前的状态。创新是能量被激发、激活后的表现。借助信息传播技术,或者说信息传播技术作为工具、环境,社会行动者能够自主或者被引导激发自身的潜能,当然,正如前述,信息传播技术自身便是社会行动者所可以拥有的社会能量资源形式之一。

①　崔丽萍:《一位自卑大学生超越自我的案例报告——给予积极心理学的视角》,《宿州学院学报》,2014 年第 5 期。
②　[美]理查德·格里格、菲利普·津巴多:《心理学与生活》,王磊、王甦等译,人民邮电出版社,2003 年,第 154 页。

（二）作为工具的 ICT、创新与潜能的激发

怎么创新，如何创新？ 显然，信息传播技术能够成为社会创新的重要工具手段，能够成为社会行动者激发社会能量的重要工具。例如，社会中的"创客"便是这一类人。"小豆蔻儿"是一位年轻创客。她用一个短视频讲述了李清照的一生，并在视频末尾推荐了自家店铺设计的系列汉服。从一个人对汉服的热爱，借助网络发展为几百万人的热爱。她之所以获得了这些成绩，其中一个很重要的因素在于她将时下最流行的平台结合利用得很好。B 站的视频、微博的图片、公众号的长文章，以及淘宝的售卖等，能够全方位满足粉丝的需求，打造出一条完整的链条。[1] 再如，"春雨医生"的创始人ZR、ZR 曾经在新闻传播行业工作了多年，后转投移动医疗领域，成为一名创客。虽然属于跨领域，但是作为一名创业者，ZR 不停地探索、尝试，借助信息传播技术，在移动医疗领域开创了一片新天地。

在这些创客身上，他们体验到了潜能被激发后的状态，正如前述，社会能量具有可体验性。例如，学生王某在描述自己的创客经历时表示，"虽然每天都过得十分紧张，但是我们心甘情愿，一群人为了一个共同的目标而奋斗的日子，真得美妙极了"[2]。金某某在谈到自己的创客经历时写道，"听完宣讲会后，自己就抓住了一个词'创新'，看到消防栓就想到是否可以做个防毒的消防衣，看到凌乱的寝室就想到是否可以做一个节约空间的智能家居，脑洞由此无限放大，在一次对通知冗杂繁多的吐槽中，自己突然想到是否可以做一个自动收集手机相关有效信息的桌面小机器人。项目目前只是开了个头，我想这也是我们'创客'生涯的一个起点"[3]。这两位学生在自述中描述了自身社会能量被激发后的感受。

---

[1]　刘力源：《我眼中的创客》，课程作业，北京邮电大学，2019 年。
[2]　王喆：《我的创客经历》，课程作业，北京邮电大学，2019 年。
[3]　金晶昊：《我的创客经历》，课程作业，北京邮电大学，2019 年。

不仅是作为个体的社会行动者,对于作为组织的社会行动者而言,作为工具的信息传播技术也能帮助激发其潜能。

正如曼纽尔·卡斯特所言,"一个以网络为基础的社会结构是高度动态的、开放的社会系统。从更广阔的历史前景看,网络化逻辑的扩散,实质上会改变生产、经验、权力与文化过程中的操作和结果"①。无论是对个体,还是组织而言,信息传播技术作为工具都能起到激发潜能的作用。

(三)作为生态/环境的信息传播技术、创新与潜能的激发

当然,信息传播技术不仅作为社会能量被激发的工具,也作为社会能量被激发的环境。此处所谓的环境指的是基于信息传播技术而构建的社会关系网络。在这种社会关系网络中,社会行动者的社会能量可以被激发,从而带来创新行为。

基于信息传播技术的社会关系网络,虽然在数量上,相较于传统的社会关系网络要庞大的多,但是对这种社会关系网络的质量确实有不同的看法。对于社会行动者而言,在其构建的社会关系网络中,有些社会关系属于格兰诺维特所谓的"弱关系",从社会能量的视角而言,流动在此种社会关系网络中的载能物质属于"潜能",但是在这种由信息传播技术而构建起的作为环境的社会关系网络中,在某些特定环境下,能够被激发出来。例如,在微信"朋友圈"中的"朋友",已经不是传统意义上的"朋友",这些弱关系所蕴含的能量,正是笔者所谓的社会关系潜能,只是在需要的时候可以被激活。但是即便是弱关系,从社会能量视角观之,其对社会行动者也颇具价值。正如威尔曼所言:

人们越多使用互联网,就拥有越多朋友,越经常与朋友见面,他们

---

① Manuel Castells, *The Rise of the Network Society*, Basil Blackwell Ltd, 1996, p. 469.

的社交网络就变得越多样。它们帮助人们获得社会支持,提供信息管道、服务引导、寻找和寻求帮助的途径。特别是互联网,增加了人们的社会资本——人们可以根据需要和兴趣,从联系人那里获得资源。①

社会行动者能够期待在未来的某个时刻,激活社会关系中的潜能,寻求社会关系的社会支持和帮助。"当人们旅行到一个地方,或者重新点燃一个共同的兴趣时,可以经常重新激活潜在的联系。同时,当人们移动,他们能够在曾经居住的地方保留一些联系。"②威尔曼在书中提供了一个典型的例子。美国国会图书馆想在网站上发布分享大约三千张历史照片,不过,他们需要为这些照片贴上标签,而这需要来自用户的帮忙。为此,美国国会图书馆在网站上发布了求助信息。令人惊讶的是,在后面短短几周之内,很多用户积极参与,提供了很多有用的贡献,很快便给这些照片冠以新的标签。③

从上述这个案例中,我们看到美国国会图书馆由于激活了其社会关系网络中的原本的弱关系,激活了关系中的潜能,成功地完成了原先看起来很难完成的任务。再如:

案例:平凡却不平庸的她

于是她不停地查看通讯录,接连几天反复搜索着那些和医疗器械、医用物资、医院、药房相关的亲戚、朋友、同学、合作商号码,一个一个的电话打过去。

1月24日,物资无着落,继续联络……

---

①　[美]李·雷尼、巴里·威尔曼:《超越孤独:移动互联网时代的生存之道》,杨伯溆、高崇等译,中国传媒大学出版社,2015年,第123页。
②　同上,第111页。
③　同上,第169～170页。

　　1月25日，大年初二，简单地在奶奶家吃了早饭。她一个人急匆匆地来到了办公室。

　　"您好宋经理，我是小刘的表姐，听说您这边做医疗物资……"

　　"您好王总，昨天给您打电话咨询口罩的事情……"

　　寻求未果，她静静地坐在办公室想，国内形势紧张，物资短缺，国外会不会可以买到一些呢？想到这，她立即向我的一位堂姐要来其在韩国的好友微信，求助她帮忙联系采购3000个医用口罩；另一边为了防止万一，想到公司这么多兄弟姐妹们还在项目上坚守，当下防疫物资的需求量一定会不断增大，她又找到亲戚，联系了在西安从事医疗器械工作的朋友，请朋友多方辗转帮忙从南京一家外企公司采购一批3M口罩。因此时正是春节，物流基本停运，恰逢疫情暴发，防疫物资供不应求，虽已联系了口罩采购，但还需要时日方可收货，害怕被退单，她先行结算了所有采购费用；口罩这边暂且算是有眉目，消毒液、测温枪、手套一系列防疫物资基本有了着落。

　　本该万家团圆、其乐融融的时刻，因疫情的暴发，让每个国人心生忧虑，欢度春节在庚子年显得尤为奢侈。妈妈和所有抗"疫"战士一样，虽未在一线，却同样是来不及陪伴家人，顾不上在家里吃一口爱吃的菜肴……

　　不知打了多少电话、求了多少人，也不知跑了多少药店、生产厂家，她想，就算10个、100个的凑，也要凑够满足公司防疫需求的物资。带着这份坚持，最终她用耐心、恒心和诚心，感动了一些物资联络人，他们都变着法子帮她找物资。凭借这股不服输的劲儿，她在第一时间为公司采购回俄罗斯医用专业口罩1000个、3M口罩4000个、国产医用外科口罩2500个、酒精250瓶、手套1000副、专业消毒喷洒壶5个、防护眼镜20副、医用防护服10套、测温枪2个、速干洗手液2箱……为公司防疫工作奠定了坚实的物资保障,并在春节假期复工前组织部门成员提前返岗,做好了公司防疫物资配发统计表,以便大家一上班就可以领到防疫物资,做好个人防护,同时他们完成了所有公司公共区域的消毒、通风等基础工作。①

在上述案例中,主人公在疫情期间,为了给公司筹集抗疫物资,"不停地查看通讯录,接连几天反复搜索着那些和医疗器械、医用物资、医院、药房相关的亲戚、朋友、同学、合作商号码,一个一个的电话打过去"。不停地尝试着将这些通讯录中的社会关系重新激活,最终采购到公司防疫所需的物资。

因此,对于社会行动者的创新而言,作为工具和作为生态/环境的信息传播技术具有不同的意涵,前者意味着社会行动者需要亲自动手利用信息传播技术,激发自身的潜能;而后者则需要社会行动者激活原先基于信息传播技术而构建起的社会关系网络中的潜能。

二、信息传播技术、创新与社会能量的激活

"激发"与"激活"虽一字之差,但在此含义略有差异。正如上述,"激发"强调社会行动者的社会能量意识层面;而"激活"则强调社会行动者摆脱社会因素对自身社会能量的阻滞。例如,在一些诗词歌赋中,也有不少描写社会行动者这种社会能量被激活的感受,如唐代孟郊在《登科后》这首诗中,用"春风得意马蹄疾,一日看尽长安花"。使那种能量被激活的高兴之情溢于言表。而无论是激发还是激活,信息传播技术在其中都发挥了重要影响。

---

① 左智元:《平凡却不平庸的她》,课程作业,北京邮电大学,2020 年。

信息传播技术与社会能量

（一）压抑与社会能量的激活

正如前述,社会能量具有社会性,其中一个重要的原因便是社会能量的吸收、释放及转化等过程会受到社会因素的影响或制约。因此,在现实社会生活中,某些社会行动者的社会能量处于一种被阻滞或压抑的状态,从古至今,有不少怀才不遇之人,在诗词歌赋中或直接或隐晦地表达了自己的这种能量被压抑,从而给社会行动者的情感以及社会生活所带来的痛苦。例如,杜甫在《宿府》,陆游在《书愤》中分别传递了那种能量被压抑的痛楚。英国学者奥利维娅·莱恩曾经深入刻画了这种社会能量被阻滞的痛楚,"它会像各种情绪一样给人带来伤痛,也会在人体封闭的内腔造成肉眼观察不到的生理上的影响"①。

显然,社会能量被压抑从而给社会行动者带来了痛苦。疾病能给人带来痛苦,能量被压抑,社会能量不足等也会给社会行动者带来痛苦;治疗疾病,解决身体痛苦往往需要靠良药,治疗社会性"痛苦",例如,抑郁有时靠良药等可以进行缓解,但是如果引发抑郁的社会因素没有得到解除,那么抑郁这种病仍然会在未来的某个时刻复发。对此,正如美国学者罗伯特·汉在论及所谓的"阿莫克现象"时所言。

> 阿莫克现象,与抑郁症一样,是对令人厌恶或压抑的处境做出的多种痛苦的回应之一——这种具体的行为反应代表了多种致病因素导致的一种最终的普遍出路,这些因素包括环境的、生物的、心理的、认知的和社会-文化的。……所有的人类事务,包括那些人们认为受文化限定的,都拥有文化的、生物的、认知的和心理动力的层面,尽管不同的事件会更深刻地由这几个层面中的某个塑造。因此,虽然没有哪种情形

---

① ［英］奥利维娅·莱恩:《孤独的城市》,杨懿晶译,北京联合出版公司,2017年,第5~7页。

是绝对由文化决定或不含文化因素的,但有些则很大程度上由文化塑造,而另一些则主要是由普遍的生理学因素决定的。①

从上述论述中,我们可以看到罗伯特正确指出了抑郁症等"所有的人类事务","都拥有文化的、生物的、认知的和心理动力的层面",指出了疾病和社会性"痛苦"的社会性因素的一面。

因此,治疗社会性"痛苦",需要认识到这种"痛苦"的社会性源头,乃是大多根源于社会行动者社会能量的被压抑,因此解除痛苦的"良药"便只能是激活社会能量。显然,这种痛苦源于社会,因此因社会痛苦而造成的能量压抑,如需要释放和激发出来,还需要从社会这个层面寻找方法。

如果说,在前述案例中,社会行动者的潜能能够被激发,社会行动者所拥有的社会资源能够被重新意识并加以利用获得发展。那么,社会行动者被压抑的社会能量资源也能够在某些条件下被激活,从而被社会行动者加以整合优化利用获得发展。例如,有的地方通过对消费空间的挖掘,发展夜间经济,拓展消费时空,增加就业机会,挖掘日益增长的居民夜生活需求,激活消费潜能。② 此外,环境还包括营商环境等软环境的打造,也有助于激活消费潜能。

从前述中,我们可以看到信息传播技术既可以作为工具,亦可以作为生态/环境在社会潜能的激发中发挥作用,从而实现社会的创新。同样,就社会能量的激活而言,信息传播技术仍然表现出了工具和环境价值。

---

①　[美]罗伯特·汉:《疾病与治疗:人类学怎么看》,禾木译,东方出版社,2010 年,第 52 ~ 53 页。

②　林张清:《点亮"夜间经济",激活城市潜能》,东南网,http://np.fjsen.com/2020 - 01/07/content_30122625.htm。

（二）作为工具的信息传播技术、创新与社会能量的激活

弱势群体和脆弱群体是在任何社会皆可见的社会现象。两者在含义上虽有交集，但一字之差，两个概念之间还是有着明确的差异性。而无论是弱势群体还是脆弱群体，显然一个共同的特点便是自身的社会能量因生理或者社会因素而被压抑了，因此它们需要被激活。

当然，处于弱势地位的不仅仅是个体、群体，国家也可能处于弱势地位。我们在沃勒斯坦的"中心－半边缘－边缘"的世界体系论中看到了这种世界分工体系下，一些发展中国家和地区处在弱势地位。正如高宣扬所言，"世界体系的发展所表现出来的'强/弱'国家逐步分化的过程，首先立足于核心和周边地区的经济分化和区分化的基础上。这种分化和区分化，从一开始就建立在一种经济上的不平等原则和历史事实的基础上"①。

对于社会行动者个体而言，在现代信息传播技术背景下，一些个体能够借助信息传播技术实现个体生计的创设和发展，而这正是社会能量被激活的表现。例如，一些看起来最不可能成为社交媒体明星的农民，正在利用其人气来推销农产品。在一段抖音视频中，一名自称"北方大姐"的农民正坐在自家大棚里，大口吃着她自己种的蔬菜。她所有视频的主题都是类似的：嘎嘣嘎嘣地吃洋葱、大蒜和其他蔬菜。这些视频令观看者匪夷所思地"上瘾"。观众们不停地刷屏，想知道她接下来要吃什么。他们甚至不用退出抖音 App 就能购买她售卖的农产品。这种新的销售方法帮助了许多农民。②

（三）作为生态/环境的信息传播技术、创新与社会能量的激活

信息传播技术作为环境即作为某种平台或环境也可以激活社会行动者

---

① 高宣扬：《当代社会理论》，中国人民大学出版社，2017 年，第 995 页。
② ［美］丽贝卡·坎瑟尔：《中国的农民成了"最不可能的社交明星"》，王会聪译，环球网，https://mbd.baidu.com/newspage/data/landingshare? pageType = 1&isBdboxFrom = 1&context = % 7B% 22nid% 22% 3A% 22news_93327977727544279062% 22% 2C% 22sourceFrom% 22% 3A% 22bjh% 22% 7D。

的社会潜能。作为生态/环境的 ICT,包括软环境和硬环境的塑造和呈现。软环境包括有利于 ICT 创新的政策环境。例如,推动人工智能等发展的政策措施等。硬环境包括新基建的投入,其中有不少都是关于 ICT 相关的,例如人工智能、大数据、计算中心等。这些软环境、硬环境以及虚拟环境的塑造,显然产生有利于创新的基础和氛围,无论是对于潜能还是被阻滞的能量的激活都是营造了环境。

1. 信息传播技术作为软环境

人工智能作为新一轮产业变革的核心驱动力,将催生新的技术、产品、产业、业态、模式。如此可见,人工智能 + 各行各业,激活了各行业的能量。又据报告显示,2020 上半年,"直播经济"业态主要岗位的人才需求量达到 2019 年同期的 3.6 倍,涌入行业的求职者规模也达到去年同期的 2.4 倍。[①]再如,外卖员职业的出现和大量发展,也体现了信息传播技术作为环境/软环境对社会行动者社会能量激活的影响。

2. 信息传播技术作为虚拟环境

那些只能在网上表达的群体,在现实中其社会能量往往被压抑。例如,所谓的"键盘侠"、某些疾病的社群等。

由上,我们可以看到,无论是能量被压抑或者被阻滞,其原因都具有社会性。此外,如果被压抑或被阻滞的能量被激活,其活化的指向也具有社会性。根据前述,社会能量有如能量一般具有能量守恒性,如果社会能量被压抑,被阻滞的社会能量则会寻找另一出口被释放出来。社会需要引导社会能量向着有利于社会的一面释放,而不是一种破坏性作用。

由上述论述可见,对社会行动者而言,无论其社会潜能的激发,还是被

---

① 《直播"带货",年轻人的就业风口》,中国青年网,https://mbd.baidu.com/newspage/data/dt-landingwise? sourceFrom = share_ugc&nid = dt_4596549966270696143。

阻滞的社会能量的激活，都是社会创新的展现，在这个过程中，信息传播技术无论是作为工具还是作为生态/环境，都发挥着重要作用。但是即便如此，我们也要意识到，能量包括社会能量的激活，是需要社会行动者具有批判反思的能力，才能激活能量，并将能量转化为各种促进人生和社会发展的动力。否则，对社会行动者而言，往往也是蹉跎岁月，空有机会而仍然徒留空叹。

第五章 信息传播技术、暴力与社会能量的宣泄

　　无论是生理能量,还是心理能量,当达到某个能量值,便需要社会行动者将能量释放/宣泄出来,否则,便会对其身心带来负面的影响,进而影响健康。能量的宣泄被视为是社会行动者剩余能量的排放。正如德日进所言:"要解除我们的痛苦,我们得找到一条自然的、富有成果的出路,以使压迫我们的过剩能量消解,使日益增加的过剩自由能量随时可供日益扩大的征服使用,这就是世界对我们的期待,也是我们自身的救赎。"①因此,社会行动者的能量如果无法正常宣泄,便会有身体或心理上的反映,如烦躁不安等。同样,社会能量的正常宣泄/释放也会给社会行动者带来酣畅淋漓感。"在心理能量自然释放的时候,我们会有相应的情绪,或者是喜悦,或者是愤怒,但是总体上在这时会有一种畅快的感受,就是情绪得到了宣泄的畅快感。即使我们当时的情绪是消极情绪,如果自然地宣泄了,人也会有一种畅快

---

　　① ［法］德日进:《人的能量》,许泽民译,贵州人民出版社,2018 年,第 127～128 页。

感。"①例如,下述"发泄屋"的案例所示。这家"发泄屋"位于北京798艺术区内,据介绍,在"发泄屋"提供的套餐中,298元的套餐,发泄时间为30分钟,室内提供防护服、静音耳塞、头盔、棒球棍等装备。如果顾客想要砸电视、洗衣机等物品,可以选购。"发泄屋"的生意挺好,尤其是在周末的时候甚至都需要排队。据了解,"发泄屋"开业以来,一天内最多砸掉2000个酒瓶。那些接受记者采访的顾客表示,砸完后感觉还挺释放压力的。不过,对此有专家表示,对有的人而言,这种方式可以起到宣泄压力的作用,但是也因人而异,如果心理问题严重,就不能采用这种方式,需要及时接受治疗。此外,专家还表示,除了这种颇具破坏性的"发泄"之外,运动同样可以将紧张、焦虑等释放出来。② 如上述案例所示,社会行动者在"发泄屋"中,通过暴力的方式,将能量发泄了出来,身体或心理压力得到了暂时的缓解。

就能量的释放、宣泄与控制而言,无论是身体生理上的如遗精、性行为等,还是暴力、冲突等攻击性行为;抑或是体育竞技、体育锻炼等,都可以视为一种能量的宣泄。例如,据《2019年中国马拉蓝皮书》显示:2019年认证赛事中全国完成全马和半马的人次分别是46.56万和90.91万,这个数字对比2015年已增长了近3倍。③ 需要注意的是,有些形式可以达到能量宣泄的目的,如劳动、艺术、游戏、运动等,但其本质上并不是为了能量宣泄而生的,能量的宣泄只可以说是副产品,而像暴力,则是一种能量宣泄的典型代表,可以说其主要目的便是为了能量的宣泄。例如,就生理能量的宣泄而言,暴力是生理能量宣泄的典型表现形式。在本章中,笔者将主要聚焦于冲突场域中,社会行动者能量的宣泄现象。当然,我们在此使用"宣泄",便倾

---

① 如风:《心理能量:固着,释放与转化》,豆瓣网,https://www.douban.com/note/153303209/。

② 吴娇颖、梁宝欣:《探访北京"发泄屋":供人打砸来减压》,搜狐网,https://www.schu.com/a/309338245_114988。

③ 《2019中国到底有多少人跑马拉松?》,腾讯网,https://xw.qq.com/cmsid/20200505A0NC7S00。

向于聚焦能量释放的更具破坏性的一面。

一、暴力、社会能量的宣泄及社会性

如前所述,物理能量一般指的是物质做功的能力。基于此,根据前述,社会能量指的是社会行动者充分利用所拥有的资源去做事情的能力。暴力便是这种能"力"的一种,作为一种"力"的形式,是在社会能量宣泄中的表现。需要注意的是,社会能量具有社会性,社会能量的宣泄也正如社会能量的吸收一样具有社会性。一方面,社会能量暴力宣泄的原因可能来自社会关系,如前所述,社会行动者是关系性存在,社会行动者可以通过尝试构建社会关系,从而将能量传导释放出去。否则,当社会行动者构建社会关系被拒绝或者说失败的时候,社会行动者往往会通过暴力的方式进行生理能量或心理能量的宣泄。

美国弗吉尼亚理工大学赵承熙枪杀 32 人的事件便是一个渐进拒绝的典型案例。赵承熙曾有过被同学多次拒绝的经历,其中包括一个他很喜欢的女孩子。在他的宣言中,赵承熙把他的同学描述成为一群堕落分子和不诚实的骗子。1999 年的"哥伦拜恩惨案"启示我们,渐进拒绝的对象不仅限于孤独的社会行动者,而且可能是成对的组合。在这个惨案中,两个高中毕业班的学生科雷布尔德和哈里斯被他们的同学排斥和嘲笑。其结果是,他们决定采取报复行动,杀掉尽可能多的同学。

另一方面,社会能量宣泄的对象往往是社会中的社会行动者,具有明确的人或事物的指向性。正如霍尔所言:

一些最为杰出、最睿智的心理学家认为,对人最具毁灭性的打击莫过于未能满足自己的潜能。人未能满足自己的潜能时,一种啮蚀人心的空虚、渴求、挫折和错位的怒气就占了上风。无论这一怒火是对内转向自身还是对外转向他人,都会产生可怕的破坏作用。①

据研究,特罗布里恩德群岛上居住着一些土著的原始人群,在这些人中存在一种很独特的习俗,当地人称作遨撒。遨撒不是别的,乃是从前发生过的、异乎寻常地猛烈的性本能行为所采取的最粗野形式的遗迹。而性本能越是受到压抑和控制,就越是力图冲开缺口。② 这种古老的遨撒习俗是性本能行为的表现,是一种社会行动者生理能量的宣泄和释放。否则,长期生理能量的压抑,会给社会行动者带来痛苦,会导致一些生理、心理和社会问题。这种能量宣泄的出口的指向性明显是社会性的。哪怕这种指向性是以一种虚构想象的方式建构出来的。

如果你在一个地方闭关超过一个月或者超过两个月,你的生理累计就达到一个点,它会拼命地想要释放。一开始它是生理的,但它为了诱惑你,它一定会向心理的角度来释放,它会让你出现那么多的画面、那么多的所谓的意淫,它必须诱导你。③

按照前述理解,社会能量包括社会物理能量、生理能量、心理能量、社会关系能量以及符号能量等不同形式。不同物质运动形式表现为不同的能量

---

① [美]爱德华·霍尔:《超越文化》,何道宽译,北京大学出版社,2010 年,第 4~5 页。
② 乔乔:《家庭简史》,时代文艺出版社,2004 年,第 19~21 页。
③ 《能量的宣泄》,360doc 个人图书馆,http://www.360doc.com/content/16/1114/21/18426566_606569957.shtml。

形式。暴力意味着社会能量的释放，从不同的社会能量形式出发，暴力至少可以包括生理能量的释放，心理能量的释放，符号能量的释放等。生理能量的暴力释放比较好理解，例如肢体冲突等；心理能量的暴力释放以冷暴力为典型代表；符号能量的暴力释放，例如文艺作品中的口诛笔伐等。显然，正如上述，无论何种形式，社会能量的宣泄都需要有指向性。

从社会能量的视角，可以从施暴者的角度对暴力进行分析。例如，有的暴力的施暴者属于社会的既得利益者等，这些人的社会能量强大，主要指的是这些施暴者自身意识到或者感知到自身的社会能量的强大，主要是从他们所属的社会关系网络中的能量聚集物获取更大的甚至是过剩的社会能量，因此从能量宣泄的角度而言，这些施暴者的暴力行为应该属于这种类型，就是这些施暴者能够意识到自己的社会能量因为社会关系网络的存在而得到了强化。当然，这种社会能量的增强并不是说一定会导致暴力的产生，而是为暴力的产生提供了能量基础。能量会转化为破坏力进行宣泄。

除了这种情况之外，还有一种是那些本是社会底层的人作为施暴者的暴力行为，那么这种类型的施暴者的社会能量是如何来的呢？有的情况是施暴者虽然是社会底层的人，但是身体或者生理能量强大，凭着自身过剩的身体能量，如前所述，自身又不具有控制这种过剩社会能量的反思能力，因此便容易将这种能量导向破坏性的方向。其实，这也反映出了能量包括生理能量、心理能量的社会性。尤其是在婚姻家庭关系中，在夫妻双方社会能量的对比中，特别是在普通的社会家庭中，夫妻双方都是普通的社会成员，为什么也会发生家庭暴力，包括身体暴力和语言暴力呢？这种情况似乎并不适用我们前述的社会行动者从自身的社会关系网络中意识到自身的过剩能量的情况，不过，这种暴力其实本质上仍然是属于能量的冲突，尤其是作为施暴者，感知到自身的过剩的能量，相对对方而言，有着能量的优势，在没有控制社会能量的反思批判能力的情况下，极易将这种能量引向破坏性的方向。

能量宣泄也是受到社会文化制约的。暴力作为能量宣泄的形式,包括生理能量的宣泄、心理能量的宣泄以及群体的社会能量的宣泄。生理能量的宣泄会受到社会文化制约。宣泄的事由是社会性的。群体的社会能量的宣泄往往导向的是更具破坏力的。

在本章中,笔者主要是从信息传播技术视角,将信息传播技术分别作为工具和生态/环境,分别探讨社会能量的宣泄问题。

二、作为工具的信息传播技术、暴力与社会能量的宣泄

（一）无人机战争与社会能量的宣泄

无人机作为信息传播技术产品,在新闻传播、文化旅游、信息通信等众多领域和场景中得到广泛应用。同样,无人机在现代战争中也正在被高频使用。例如,在北非、外高加索等一些地区热点冲突中,无人机给冲突双方的地面作战车辆和人员造成了严重损失,就能量视角而言,无人机作为暴力工具,给传统作为能量宣泄形式的战争带来了新的特征。

（二）信息传播技术、社会关系网络与社会能量的宣泄

此处,信息传播技术以暴力释放的工具的面貌而出现。例如,据媒体报道,2019 年,某品牌手机应用商店上架,这款应用可以即时显示警察所在的区域位置,因此被一些不法分子使用,试图"躲避"警察抓捕。[1]

当然,就目前来看,暴力不仅仅指的是身体的暴力,心理上的暴力,还应该包括社会关系上的暴力。从能量视角观之,身体的暴力对应的是生理能

---

① 《苹果上架了一款"香港暴徒好帮手"APP》,凤凰网, http://news. ifeng. com/c/ 7qYetyp3Rwm。

量的宣泄以及对他/她人的伤害;心理上的暴力对应的则是心理能量的宣泄及其对他/她人的伤害;而社会关系上的暴力,例如,目前常被谈及的"PUA",便是对他/她人的一种社会关系的控制,是一种社会能量的伤害。

三、作为生态/环境的信息传播技术、暴力与社会能量的宣泄

在此,我们将信息传播技术视为某种生态/环境,即在这种由信息传播技术所构建的环境中,社会能量的宣泄问题。我们将分别从网络暴力和虚拟暴力两种类型进行探讨。

(一)网络暴力与社会能量的宣泄

在此,网络作为暴力的"环境",正如前述,暴力具有可传输性,暴力性的语言借助信息传播技术而被扩散。在这个过程中,信息传播技术或者说网络不仅构成了能量传递的渠道,也是能量的宣泄的场域。例如,网络暴力现象。据媒体报道,很多网民在微博上围观一名年轻人自杀。据了解,这位青年曾两度想放弃自杀,但不可思议的是,有不少网友竟在其微博下留言,"赶紧死""你还死吗"等。当天下午5点左右,警方经过搜查找到了这位当时已经陷入昏迷的男子,但最后该男子仍然没有被抢救过来。显然,网民围观时的语言暴力成为该男子"自杀"的推动力。①

(二)虚拟暴力与社会能量的宣泄

人们借助信息传播技术构建了虚拟世界,在这种网络虚拟世界中,暴力并不鲜见。有的网络游戏中充斥着暴力,游戏者在游戏中"体验"能量的宣泄。对于这种网游暴力对社会行动者尤其是青少年的影响,不同的研究者

---

①　吉存:《又一起网络暴力　是谁促成了网络直播自杀的悲剧》,中国江苏网,http://jiangsu.china.com.cn/html/yq/yqzz/648941_1.html。

有不同观点。有的研究者认为社会行动者通过这种虚拟世界中的暴力能量宣泄能够释放其剩余精力;而有的研究者则认为,这会使青少年模仿虚拟世界中的暴力行为,在现实生活中对他人带来暴力。例如,据报道,美国纽约布鲁克林区的王冠高地地带,曾发生一系列袭击事件,在这些已发生的袭击事件中,其中至少有 9 起被认为跟这个"击倒"游戏相关。

如此,当我们将信息传播技术作为环境来看,网络暴力和虚拟暴力作为社会能量的宣泄应纳入我们的研究视野,尤其是这种暴力,逐步从线上走到线下,线上和线下相结合的现象尤应引起重视。

四、语言暴力与能量宣泄的调适

正如前述,无论是现实,还是在虚拟空间,语言暴力都是能量宣泄的一种常见的形式。对此,笔者着重从能量宣泄的调适角度探讨语言暴力的问题。在马歇尔·卢森堡博士看来,暴力并非仅指身体、精神的暴力,而是扩及语言的暴力,即语言也常常引发自己和他人的痛苦。农村社区中的许多社会行动者产生冲突,往往起始于冲突双方的相互语言攻讦,随着语言暴力的螺旋式上升,最终以身体的暴力告终,结果自然是两败俱伤,利益俱损。因此,非暴力沟通被称为爱的语言。关注沟通中语言的组织与表述,强调在语言中倾注对他人的爱和尊重的因子。[①] 依照马歇尔博士的观点,非暴力沟通模式包含四个要素,分别是观察、感受、需要、请求,分为表达自己和倾听反馈他人两个方面。

(一)要诚实地表达自己,而非批评、指责

首先是观察。非暴力沟通强调在沟通中清楚地表达观察结果即可,不

---

① [美]马歇尔·卢森堡:《非暴力沟通》,阮胤华译,华夏出版社,2009 年,第 3 页。

要做批评、指责、辱骂等所谓的道德评判,也就是说以情绪性的评判代替冷静观察的惯习应该被悬置。建立在客观事实基础上的沟通,少了情绪化语言,其自然便有了良好的开端。

其次是感受。每个人的情感细腻度千差万别,但总体来说,我们都能观察到本人和他人情感的起伏。只要用心,人的这种潜力是可以转化为能力的。冲突本质上是社会互动的一种形式,冲突一方在这种互动中总能体验到来自对方的刺激在自己内心深处激起的层层涟漪,或伤感、凄凉、悲伤,或愤怒、恼怒、烦恼,又或焦虑、忧虑、着急、紧张,等等。当然,在冲突中,双方的负面情绪居多。在现实生活中,冲突的各方忽视表达内心感受的重要性,甚至认为这是示弱的表现,而常常表现得很强硬,试图在气势上压倒对方。实践已经一再证明,这无助于冲突的解决。适度的示弱其实有助于解决冲突。例如,在沟通中,一方可以"当你说那句话的时候,我感到很为难,心里很不是滋味"以及"我刚才进来的时候,你怎么没和我打招呼啊,我感到有些不是滋味"等类似的语言来表达自己的感受,这样有助于营造对方的安全感,构建良好的沟通氛围。

再次是需要。我们在表现感受的同时,一旦开始谈论需要,而不互相指责对方,那么他们就有可能找到办法来满足双方的需要。因为只有明确了双方的需要,协商、合作才有空间。

最后是请求。在表达观察、感受和需要之后,我们要请求而非命令他人提供帮助。我们要清楚地告诉对方,我们希望他们做什么。当然,我们提出的请求越具体越好。即要提出明确的而非模糊的请求。例如,用"我想多一些时间和你谈谈,不知道你是否愿意明天在×××见面"要比简单地说"我想更好地了解你的情况"更能达到沟通的效果。如此看来,我们不能使自己要表达的意思含糊不清,否则别人就很难了解到我们的真实想法,不知道我们到底想要什么。另外,我们需要把请求和命令区分开来。

（二）关切地倾听他人，主动表达自己的理解

现象学方法主张我们将一切感觉经验的判断暂时放入括弧之中、存而不论，非暴力沟通在这一点上与其高度一致。它认为我们在沟通中应用心倾听他人，双方都应用心努力地去分辨、去体会彼此谈话中所包含的观察、感受、需要或请求。例如，甲说："你从来不把我当回事。要不是我帮你，你自己一个人能处理这么多事情吗?"乙则说："你怎么能这样想! 我一直都很敬重你。"①在这一例子中，甲想要的也许只是想得到乙的肯定和欣赏，乙的回答显然难以令甲满意。如果乙用心倾听并给予反馈，他也许可以这样说："感觉你好像有些不高兴，到底是怎么回事? 说出来听听吧。"如此，才更有助于沟通的达成，否则便会陷入前述的语言暴力的循环。

而在现实和网络冲突中，冲突一方往往难以冷静听完对方的话语，更不用说自己用心去倾听对方的话了，何况由于缺少这方面的训练和意识，冲突双方即使去听，质量也不高。另外，在解决问题或询问对方的请求前，要有意识地为对方的充分表达创造条件。如果过早地提及对方的请求，冲突一方也许就无法传达自己的关心，甚至还会被看作是应付。例如，当甲说："你怎么能这么做!"而乙则说："你想说什么，直说吧。"在这一例子中，甲的最终目的可能的确是要说出自己的想法，使事情得到公平的解决，但乙的回答看似直接，却缺乏技巧，往往会被看作是在应付对方。在甲明显处于激动，甚至有些愤怒的情况下，理性往往让位于情绪，这时，如果甲能这样说："你好像有些不满? 说出来听听吧。"如此，从传达自己的关心开始，方能有助于创造良好的沟通氛围，既给对方一个冷静的时间，也让对方有表达的空间。

在倾听对方的观察、感受、需要和请求之后，另一方可以主动表达自己的理解。这样做有两点好处：一是，如果一方已经准确领会了对方的意思，

---

① ［美］马歇尔·卢森堡：《非暴力沟通》，阮胤华译，华夏出版社，2009 年，第 102 页。

其反馈将帮助对方意识到这一点。二是,如果一方的理解还不到位,对方也就有机会来纠正他。另外,这样做还有助于人们体会自己的状况,从而深入了解自己。①

　　当社会能量充盈或者过剩的情况下,如何对社会能量进行管理则是一个重要的问题。有的社会行动者具有自我反思能力,因此能够规训这种充盈的能量,将其导向建设性的方向。有的社会行动者则并不具有这种批判性的自我反思能力,那么这种能动性的后果,便是将这种过剩的社会能量导向破坏性的方向。上述,我们结合马歇尔·卢森堡博士的"非暴力沟通"模式,阐述了如何在现实和虚拟环境下调适能量的宣泄,避免沟通中的语言暴力现象。有关社会能量的管理问题,我们将在后面专章探讨,此处不再展开。

---

① ［美］马歇尔·卢森堡:《非暴力沟通》,阮胤华译,华夏出版社,2009 年,第 90 页。

第六章 信息传播技术、依赖与社会能量的消耗

知乎上曾经有用户提出这样一个关于"能量损耗"的问题：

> 聊天时总是站在别人的角度考虑问题，真心诚意（无法虚假），导致自己的能量都用于帮助别人以及忍受别人的缺点和对自己的伤害。太无我，太没有自我了……而一旦自己意识到自己能量损失很大会有所爆发，别人便会对自己产生怨恨。[①]

能量损耗，是指环境系统中能量在传输及转换过程中的耗损。能量的消耗包括能量的损耗，都是属于能量的释放现象。通过这个例子，本章引出了社会能量的消耗问题。自我损耗理论认为，个体心理能量是有限的，个体需要控制的行为越多，消耗的能量就越多，因此无论是脑力劳动，还是情绪

[①] 《总觉得和人聊天能量损耗，有同感的吗？》，豆瓣网，https://www.douban.com/group/topic/86800803/。

宣泄等都需要消耗能量,而能量消耗后则需要一些时间才能恢复。① 研究显示,个体压制想法或情绪,抑制自身的冲动或诱惑等任何需要意志努力的行为都会消耗能量。

在本章中,笔者着重探讨在信息传播技术介入下,信息传播技术和内容成瘾所带来的能量的消耗现象。对于信息传播技术而言,一方面,信息传播技术能够对个体进行赋能,在对技术的依赖中,实现自身社会能量的增强;另一方面,则如本章将要阐述的,过度依赖,或者说过度使用,将会损耗社会行动者的社会能量。

一、何为"依赖"

媒介依赖理论认为"一个人越依赖于通过使用媒介来满足需求,媒介在这个人生活中所扮演的角色就越重要,因此媒介对这个人的影响力就越大"②。"依赖"应该被视为是一个连续统,即从最一般的依赖到最深层次的依赖,这种最高层次的"依赖",研究者也常用"成瘾"或"上瘾"来指称。在本章,我们将主要从这个层面来界定"依赖"。因此,在某种程度上,"依赖"和"成瘾"可以互换。成瘾是一个宽泛的术语,通常定义为对某种特定的化学物质的依赖性,比如酒精或者可卡因,同样也可以是对某种行为的依赖性,比如赌博或者进食等。成瘾是"一类认知、行为和生理症状,表明社会行动者持续使用一种物质,尽管物质对社会行动者造成显著的伤害"③。成瘾包括物质成瘾(药物依赖)和行为成瘾(过程成瘾,指社会行动者不可自制地

---

① 杨剑兰:《感觉身体被掏空? 告诉你工作 8 小时的耗能真相》,百度网,https://baijiahao.baidu.com/s? id = 1636005775416306128&wfr = spider&for = pc。

② 易丽平:《新媒体环境下受众媒介依赖的原因探析》,《今传媒》,2011 年第 19 期。

③ [美]玛丽·K. 斯温格尔:《劫持:手机、电脑、游戏和社交媒体如何改变我们的大脑、行为与进化》,邓思渊译,中信出版社,2018 年,第 263 页。

反复渴求滥用某种药物或从事某种活动,以取得快感或者避免痛苦为目的的一种特殊的病态状况)。成瘾者虽知道其行为会给自身带来不利后果,但仍旧无法控制,越陷越深。① 在当下媒介化社会/智能社会建设背景下,对于"依赖"或"成瘾",我们应该尤为强调对内容或技术的过度使用,以及这种过度使用所带来的后果。

二、信息传播技术内容依赖与社会能量的消耗

(一)信息传播技术内容依赖的表征

信息传播技术负载的内容形式多样,例如,有文字的、有图片的、有视频的,尤其是微视频,受到了越来越多用户的喜爱,甚至沉迷其中,产生上瘾的症状。例如:

> 入手自己的第一部4G手机是魅蓝note3,从此之后便跟手机结下了不解之缘。聊天追剧打游戏刷知乎逛淘宝,一天的生活里眼睛的视线就在那一小块屏幕上,无论是吃饭睡觉还是学习运动,总是在不经意间把手机拿出来点亮屏幕,本来也没有什么事,却总是以为有什么手机上的通知会被我忽略。手机似乎在不经意的日常生活里慢慢腐蚀着我,而我也成为众多手机依赖症患者中的一名,我们似乎在奉行着这样一个原则:有手机,才能活下去。

> 之后的日子里,当我静下心想要学习的时候,若是手机在旁边,那必定是一次失败的学习,对于查找资料、搜题等学习上的事,那手机更是不可或缺,人们依赖手机,有时候并非是需要它,而是觉得有手机在

---

① 闫宏微:《大学生网络游戏成瘾问题研究》,南京理工大学博士研究生学位论文,2013年。

旁边就会觉得心安,就像冰箱里的食物,这一顿你并不需要,但冰箱里必须有它,没有,那也会去超市里买来补齐。更不用说玩游戏的时间,于我而言,手游的诱惑性比其他任何东西的诱惑性都要大得多,游戏会弥补生活中的无聊与空虚,在游戏胜利或者通关时会有极大的成就感……自从上了大学,已经不会再有人限制你玩手机的时间,就连游戏的防沉迷系统都不能再限制你,我每天会有八九个小时是花在手机上的,但是与此同时,焦虑、烦躁也在无时无刻侵扰着我,在放下手机的那一刻会对自己玩了很久手机而感到后悔和自责,手机依赖会严重打扰我们的日常生活。[①]

这位同学在自我报告中,分享了自己使用手机玩游戏,进而沉迷其中,过多消耗自身能量的感受。"就连游戏的防沉迷系统都不能再限制你,我每天会有八九个小时是花在手机上的"。因此,"焦虑、烦躁也在无时无刻侵扰着我,在放下手机的那一刻会对自己玩了很久手机而感到难过和自责。"对信息传播技术内容的依赖包含功能性和形式性两个方面。

1. 对信息传播技术内容的功能性依赖

所谓"功能性依赖",主要指的是社会行动者往往需要通过对内容的消费来满足自身的某些需求。例如,就新闻消费而言,社会行动者需要通过新闻来获取关于外界的最新动态,需要通过娱乐新闻来满足自身娱乐的需求等。这种便是功能性依赖。这种对内容的需求和依赖,犹如社会行动者对食物的需求一样不可或缺。社会行动者每天通过这种内容消费,在满足自身需求的同时,也在消耗着能量。如下案例。

---

① 李汶泉:《"手机依赖症"》,课程作业,北京邮电大学,2020 年。

信息传播技术与社会能量

案例：我与手机的一天

问题：请你描述你在一天中是如何使用手机的。请详细列举你在什么时间在什么地点使用什么功能用来做什么

答：7:30 在宿舍,使用手机的闹钟功能让自己起床

8:00 在宿舍,使用手机的时钟功能决定自己出发去上课

8:30—10:10 在教室,使用手机的网络功能上网查询与课堂所讲内容有关的资料或者与其他同学通过 QQ、微信交流聊天

10:10—10:30 在教室,使用手机的网络功能上网看小说或者玩游戏娱乐一下

10:30—12:10 在教室,使用手机的网络功能上网查询与课堂所讲内容有关的资料或者与其他同学通过 QQ、微信交流聊天

12:10—13:30 在食堂、宿舍,使用手机的网络功能上网看小说或者玩游戏娱乐一下

13:30—15:10 在教室,使用手机的网络功能上网查询与课堂所讲内容有关的资料或者与其他同学通过 QQ、微信交流聊天

15:10—15:30 在教室,使用手机的网络功能上网看小说或者玩游戏娱乐一下

15:30—17:10 在教室,使用手机的网络功能上网查询与课堂所讲内容有关的资料或者与其他同学通过 QQ、微信交流聊天

17:10—18:00 在食堂,使用手机的网络功能上网看小说或者玩游戏娱乐一下

18:00—23:00 在宿舍,使用手机的网络功能上网看小说、玩游戏娱乐自己或者与其他同学通过 QQ、微信交流聊天。[1]

---

① 黄小凯:《我与手机的一天》,课程作业,北京工商大学,2016 年。

如上述案例所示,在这位学生的一天生活中,对手机的依赖是功能性的,早上起来刷新闻了解时事,中间休息时刷短视频,中午吃饭时用手机点外卖,下午休息时用手机看小说,做题时用手机搜题,晚上休息时玩手机游戏等,分别满足了自身的信息、娱乐休闲、知识等多层面的需求。当然,在这种功能性依赖中,自身社会能量也在消耗。

我们下面再来看一则真实的案例:

案例:我对拍照搜题技术的依赖

日常生活中我可能接触到最多的就是手机上的拍照搜题技术。在应用商店可以找到很多款类似的拍照搜题 App。它们大多采用了光学字符识别技术结合机器学习中的匹配检索算法,实现了对着题目拍一张照片就能得出答案的功能。起初在我还上初中的时候,一些拍照搜题软件通过广告宣传进入了我的视线,其强大简洁的功能也迅速地在市场中获得青睐。刚开始听说身边的同学用它们搜题,我其实是略微有些鄙夷的,一方面初中时的习题难度让我认为自己并不需要用到这些 App,另一方面我将这些 App 看作是所谓"学渣"们的福音,是不费吹灰之力获取题目答案的"捷径",为了"不堕入深渊",我排斥使用它们。

可是,学习过程中难免会出现标准答案错误或者没有题目答案,老师也不进行讲解的情况,由于我本身是一个比较害羞不善于问老师问题的人,这时拍照搜题就变成了我快速简单获取习题答案的方式。可以说这个时候此类软件就充当了一个裁判的角色,判定我的答案是否正确。而我也在搜题的过程中,发现这些软件大多会提供详细的解答过程,通过对照解题步骤,我也能发现自己在哪一步出错,而有的时候也能不经意间发现更简便更优化的解法,对我的学习产生了很大的帮助。

　　随着我深入了解到这些软件齐全的功能,慢慢地也就对它产生了依赖。随着年级的升高,每当我遇到无法解决的难题时,我就会拿出手机打开软件拍照搜索。开始时还会仔细看一下给出的解题步骤,但随着题目难度的加深,很多理科难题甚至连步骤都看不懂,只好将上面的答案和步骤直接抄在作业本上。而上交以后的作业由于答案的正确,老师打钩,也就不会再去纠结题目的解答。不会做的题和已掌握的题目混在一起被埋没在了题海里,从始至终我都没有掌握。而从短暂的结果上看这种方式却看似给我带来了收益,慢慢地,拍照搜题软件成为我学习过程中不可缺少的"伴侣",很多题目一眼看去没有头绪,我就选择拍照搜题,看似节约了时间,却失去了最重要的思考的过程,以至于老师讲解时我对这道题都没有印象。由于不同软件题库的覆盖面不尽相同,我甚至同时下载了几个同类 App,以此增加搜索到答案的概率。试问这样的学习方式怎么会有效果呢? 不会的题依旧不会,又怎么可能有所进步呢?

　　可以看到,拍照搜题是为学生答疑解惑的最高效方式之一,但对拍照搜题的过度依赖让这些软件从学习的帮手变成了帮凶,使得学生独立思考的过程被跳过,渐渐丧失了独立思考的能力。[1]

在这个案例中,这位同学讲述了自己对拍照搜集技术的依赖过程,这显然是个功能性依赖的案例。从最初的不屑到初次使用感觉效果不错再到对拍照搜题的过度依赖,最终"使得学生独立思考的过程被跳过,渐渐丧失了独立思考的能力"。

---

① 詹祎:《从拍照搜题体验到人工智能依赖的思考》,课程作业,北京邮电大学,2020 年。

2. 对信息传播技术内容的形式性依赖

正如上述,视频相对于文字而言,因其生动形象等特征,在形式上更为吸引人。因此,对信息传播技术内容的形式性依赖是值得关注的一种类型。例如,据网易报道,大量公众号文章的阅读量令人担忧。[①] 而在对文字的阅读率降低的同时,用户对视频尤其是微视频的消费却在攀升。

相对于图文来说,视频更为适合碎片化阅读,也更为直观,所传递的信息更为丰富,更具有视觉冲击力,这些是视频本身就有的优势。快乐文化是推动搞笑类、娱乐类微视频发展的一大动力。搞笑、娱乐类高转发短视频在研究者所收集的高转发短视频与生活类短视频相当,显示出以这两类短视频为代表的快乐文化是推动短视频发展的一大动力。虽然批判学派对大众文化中的"快乐幻想"进行了解构,但是从社会功能论的视角来看,现代生活的节奏很快,用户在高强度的工作压力下,需要及时的放松。在这种情况下,搞笑、娱乐类的短视频便能满足这种需求。这其实也符合马斯洛的需求层次理论对人类需求满足的解释。碎片化的趋势一直在持续,短视频恰好满足了用户对碎片化时间的利用。[②] 例如,抖音用户越来越年轻,数字原住民成为重度短视频围观者。

除了上述直播、短/微视频之外,游戏亦是一个重要方面。截至 2020 年 12 月,我国网络游戏用户规模达到 5.18 亿,占整体网民的 52.4%。手机网络游戏用户规模达到 5.16 亿,占手机网民的 52.4%。[③] 在国外的一些研究中,游戏被视为社会行动者精力的释放,此处精力便可被视为社会行动者的

---

① 《微信公众号文章数据报告:每天 90% 的原创文章阅读量不过万》,百度网,https://mbd.baidu.com/newspage/data/landingshare? pageType = 1&isBdboxFrom = 1&context = %7B%22nid%22%3A%22news_9533865706683540262%22%2C%22sourceFrom%22%3A%22bjh%22%7D.

② 高崇、杨伯溆:《微视频的内容主题发展趋势分析——基于对新浪微博官方短视频应用"秒拍"上高转发微视频的研究》,《新闻界》,2016 年第 12 期。

③ 中国互联网络信息中心:《第 47 次中国互联网发展状况报告》,中国互联网络信息中心网,http://www.cnnic.cn/hlwfzyj/hlwxzbg/。

社会能量。荷兰学者赫伊津哈认为人类的文化无处不显示着游戏的特征，"人是游戏者"是人类的另一个先验的本质。英国社会学奠基人赫伯特·斯宾塞认为，与把所有的能量都消耗在维持生命必不可少的机能上的各类低级动物不同，人作为高度发展的动物，常常有能量过剩的现象。过剩的能量需要发泄掉，而游戏和艺术都是发泄过剩能量的产物。

根据心理学家和精神科医生对于游戏成瘾的认识，游戏成瘾的界定指标大致包括九项症状，其中五项包括：①当游戏被中止后，社会行动者内心会显露出不安、焦虑、懊恼等负面情绪；②内心没有足够坚定的信念，无法摆脱打游戏的行为；③通过玩电子游戏来获取快感，并把生活中的负面情绪释放到游戏世界当中，譬如在暴力游戏中，透过自身角色对其他人物角色进行不当行为，藉此抒发罪恶感，而且当杀害敌人或队友时，自感到相当满足和兴奋；④由于过度地沉迷游戏，导致社会行动者即将或已经失去学习、工作、社会交流等能力，生活素质每况愈下；⑤社会行动者已经感觉到自己过度地沉迷游戏，也明白它对自己、家人、朋友等造成了一定程度的影响，但内心已经无法脱离电子游戏，只能继续维持这种状态。一般而言，只要满足九项当中的五项诊断标准，并且维持时间长达十二个月以上，便可明确诊断为游戏成瘾。① 从这列举出的五项指标中，我们可以看到这种网络游戏成瘾给社会行动者社会能量带来的消耗。

网络游戏就是一种能量损耗的方式。在游戏这一领域，在技术的加持下，网络游戏对游戏者尤其是未成年人游戏者的能量损耗的影响仍然不可忽视，甚至需要尤加重视。国内的一些研究者，提及游戏对学习的作用。但在此处，我们更多的是从上瘾这一角度探讨游戏所带来的能量损耗。这不是污名化游戏。我们务必要看待游戏上瘾机制所带来的消极影响。尤其是

① 颜刚威：《游戏成瘾的现状研究》，《柳州职业技术学院学报》，2019 年第 6 期。

对那些没有足够反思能力的社会行动者,没有足够能力对自身的能量进行适当管理的社会行动者而言。

（二）信息传播技术内容依赖的后果

在社会关系中,社会行动者对他者的牵挂,亦是一种社会能量的损耗。在信息传播技术的影响下,通过社会化媒体平台,即便远隔重洋,双方亦能实现同步再现。威尔曼在"网络化个人主义"概念中,准确地提及了在"三重革命"即因特网革命、移动革命以及社会网络革命的背景下,社会关系从门对门发展到地方对地方的关系,"三重革命"拓宽了社会行动者社会关系的范畴,社会行动者在维护多元和差异化的社会行动者社会关系网络时需要耗费能量。正如,"与保持面对面的人际交往相比,这种电子交往需要他们耗费同等的努力,甚至更多的时间"①。我们哪怕是通过自身的使用体验也会认同这一点。例如,在微信朋友圈、微博、头条、抖音等平台来回穿梭,不仅需要发帖、发视频、发文,同时为了维持与朋友的互动,还需要不时地给"朋友们"点赞、评论、转发、投票等,这是一连串的社会互动行为,在维护和拓展这些社会关系的同时,亦在消耗着自身的社会能量。

自然,依赖抑或成瘾更是消耗着社会行动者的社会能量。新西兰学者Vacaru 等人在研究新西兰青年以及他们与手机科技之间的关系中,则把手机依赖定义为因使用手机而产生的各种问题,包括身体的、心理的、社会的三个维度。② 而这正与前述研究者提及的生理能量、心理能量和社会关系能量的维度吻合。例如,因为人们在玩手机时往往比较专注,眨眼的次数也会低很多,从而导致眼睛变得干燥,会出现畏光、流泪、发痒、酸痛等症状,导致干眼症的发生。如果是晚上关掉灯,在黑暗中长时间玩手机,则可能会引起

① ［美］李·雷尼、巴里·威尔曼:《超越孤独:移动互联网时代的生存之道》,杨伯溆、高崇等译,中国传媒大学出版社,2015 年,第 8 页。
② 贾悦:《国外手机依赖研究综述》,《北京邮电大学学报(社会科学版)》,2015 年第 6 期。

青光眼,甚至还可能会导致失明……①这是从生理能量的消耗上,可以看到过度使用手机对生理能量的消耗。

除此之外,过度使用信息传播技术还会带来对社会行动者心理能量的消耗。例如,有研究显示,网瘾是一种行为成瘾,影响了我们的人际关系、学习、工作、大脑的奖励回路和动机。它同样影响了我们的情绪状态,我们对它的渴望高过了伴侣和工作,几乎是强迫性地将自己沉浸在电影和电视剧里,结果就是情绪失调,例如抑郁,还会产生焦虑、失眠等。② 研究发现,高手机依赖度社会行动者可能会出现不同程度心理健康问题,如敌对意识、强迫行为、偏执、精神病性倾向等心理问题。③

显然,这种社会能量的消耗涉及社会能量的多个类型。一切令人上瘾的东西都是在损耗社会行动者的能量。对信息传播技术内容的依赖现象,无论是功能性依赖还是形式性依赖,都已经成为一种重要的社会现象,而社会能量的消耗便是一个值得思考的观察视角。正如上述,这种依赖会消耗社会行动者的生理能量,同时也会影响其社会关系等。

三、信息传播技术、依赖与社会能量的消耗

斯温格尔将网瘾分类为通常网瘾、幻想网瘾和技术网瘾。对于通常网瘾,网络只是社会行动者选择的工具,网络本身只是一种媒介。幻想网瘾这种类型的网瘾主要基于网络匿名性,社会行动者掩盖身份,或者发展出新的

---

① 《低头玩手机＝脖子扛 50 斤大米!身体各器官的变化让人吃惊》,中国经济网,http://news. eastday. com/eastday/13news/auto/news/society/20171012/u7ai7146655. html。
② [美]玛丽·K. 斯温格尔:《劫持:手机、电脑、游戏和社交媒体如何改变我们的大脑、行为与进化》,邓思渊译,中信出版社,2018 年,第 263 页。
③ 黄海、周春燕、余莉:《大学生手机依赖与心理健康的关系》,《中国学校卫生》,2013 年第 9 期。

或者完全不同的自我认知。幻想成瘾的典型特征是,社会行动者通常会发展出另一种人格,并且用这种人格玩角色扮演。这种形式的网瘾可以被看成是一种特定语境中的成瘾行为,社会行动者所获得的体验或者行为如果不通过网络就不可能存在。而技术网瘾认为,媒介的结构元素和软件组合起来,提供了一系列要素来促成上瘾。格林菲德认为搜索或者类似的行为是变动的回报增强循环,内容和流程与这种变动的回报增强所结合,比如说全天候的在线和越来越刺激的内容的诱惑,形成了一种完美的成瘾环境。游戏、赌博、炒股、邮件、短信、网络拍卖、色情都可以成瘾,网络这种媒介的内容及其结构都促成了成瘾行为。① 正如斯温格尔所言,技术网瘾是网瘾的一个重要类型,"网络这种媒介的内容及其结构都促成了成瘾行为",上述,我们从内容这个层面探讨了"信息传播技术内容依赖与社会能量的消耗",在此,我们将注意力转向对信息传播技术本身的依赖,以及由此而导致的社会能量消耗现象。

（一）信息传播技术"硬"特征、依赖与社会能量的消耗

一般而言,技术包含三个要素:第一,技术是非人体的实体。虽然人的手、腿等可以被用来完成某项特定的任务,但是它们显然不属于技术范畴。通常,我们将技术视为某种物理性存在的设备,其实,正如前述定义所示,技术既可以是某种设备,同时也可以是某种无形的技巧或方法。第二,技术需要应用知识。例如,手机技术,就需要应用电学、电磁学、声学、软件编程等领域知识。第三,技术可以被用来做某种事情。② 信息传播技术显然具有上述这三个要素。

---

① ［美］玛丽·K.斯温格尔:《劫持:手机、电脑、游戏和社交媒体如何改变我们的大脑、行为与进化》,邓思渊译,中信出版社,2018 年,第 266 页。

② Richard Heeks, *Information and Communication Technology for Development*, Routledge, 2017, p.9.

信息传播技术与社会能量

加拿大著名媒介研究学者麦克·卢汉曾经提出"冷/热媒介"论,借鉴这种对媒介技术的冷/热分类的方式,我们可以将信息传播技术(ICT)的特征分为硬特征和软特征。结合前述对技术的界定,硬特征更多指的是信息传播技术设备所具有的特征。例如,互联网/移动互联网所具有的时刻在线的特征。对此,正如威尔曼在书中所言:"移动革命进一步深化了社交网络和互联网革命扎根以来出现的文化变革。一大批永远网络在线或者移动互联在线的用户出现了:别人总能联系到他们;他们擅长搜索信息;并且如果愿意的话,他们通常能够创造网络资源。他们已经把永远在线内置到其生活方式和期望中。"[1]由此我们可以看到,信息传播技术的"硬"特征,至少给网络依赖创设了硬件条件。而根据调研发现,社会行动者也确实存在着对互联网尤其是移动互联网的依赖。例如,皮尤互联网项目调查显示84%的青少年手机用户称他们会拿着手机上床睡觉,确保整夜都能收到短信和更新信息。还有一些人承认手机是其身体的一部分。[2]显然,这种依赖带来社会行动者社会能量的消耗。如下述案例所示。

案例:游戏耗尽了我

肖恩是一个游戏上瘾的人。他迷上了第一人称射击游戏。"游戏耗尽了我。最糟糕的时候我每天都在玩游戏!"他回忆道。"我的孩子对我来说很不方便,因为他们想要与我相处,但我无法给他们时间和我的爱。""我记得对我的伴侣大喊,要他告诉孩子走开。"对肖恩的家人来说,他玩游戏的次数越多,家里的情况就越糟。"我上班迟到了,它耗尽了我的生命,使我失去了工作。"他解释道,"我失去了我的家人,我的

---

①②　[美]李·雷尼、巴里·威尔曼:《超越孤独:移动互联网时代的生存之道》,杨伯溆、高崇等译,中国传媒大学出版社,2015年,第82页。

家，我的一切。"

　　肖恩知道他必须改变，最终去了戒瘾中心寻求康复——花上一个月的时间治疗。自那以后他的上瘾症复发了几次，但他说自己的生活已经重回轨道有 14 个月了。他解释说，想玩游戏的冲动"永远不会消失。""我所能做的就是每天制定计划，现在一切都还行。"普利斯先生认为，平板电脑和手机游戏的易操作性是上瘾主要推力。①

　　在这个案例中，肖恩不幸游戏上瘾，自称"游戏耗尽了我"，同时对工作和家庭生活等带来了负面的影响。普利斯先生认为，平板电脑和手机游戏的易操作性是上瘾的主要推力。显然，这种易操作性便是我们在此所谓的信息传播技术的"硬"特征。

　　（二）信息传播技术"软"特征、依赖与社会能量的消耗

　　信息传播技术"软"特征是相对于"硬"特征而言的。前述，我们曾谓技术亦可以指的是某种无形的技巧或方法，在此，我们可以将这种无形的技巧和方法视为信息传播技术的"软"特征。例如，智能推荐算法对我们的影响。如果我们将内容比作食材，那么算法便可被视为是菜谱。根据今日头条已公开的资料显示，今日头条的算法原理，包括场景、内容、用户偏好等方面。②

　　由此，社会行动者在面对智能推荐算法时，往往很难控制住自己，便很可能会陷入内容漩涡中而难以自拔。正如下述自述者所体验到的，

　　如今我的绝大部分生活都在网络上进行，其中绝大部分时间在 B

---

　　①　《游戏成瘾后果很严重！英国治疗机构病患增多》，百度网，https://baijiahao.baidu.com/s?id=1628270279228996332&wfr=spider&for=pc。
　　②　《资深架构师曹欢欢首次公开揭秘今日头条用到的五种推荐算法和四个推荐特征》，36 氪，https://36kr.com/newsflashes/98145。

站看视频(也包括看公开课)。有的时候我就看一个视频,然后紧接着就点进相关推荐的另一个视频,循环往复几个小时就过去了。这其实也是我对 AI 的一种依赖,只不过是一种被动的,被推荐算法控制的依赖。我看到的大多数视频,都非常有趣,比如生活区的趣味视频,或者对社会经验、时政、科学的一些科普视频。看完内心十分激动、喜悦,有一种兴奋感,所以就会下意识地点进其他的视频。有的时候,视频看入迷了会导致我忘记处理现实中的一些事务,或者听不到别人和我说的一些话,导致生活中的一些麻烦。看完之后,又会因为看了好几个小时的视频,感觉自己浪费了时间而后悔,甚至有的时候,一看视频就看到凌晨三四点。想到这件事情,内心就总处于一个纠结的状态,短暂的看视频确实有利于调整思路、放松大脑,但推荐算法的出现点燃了我的兴趣,加之我毅力不足,导致了我平时想就看几个视频、花十分钟,结果花费几小时的事情。想解决,但每次又都忍不住。最终影响了我的效率。

不止于网络生活,在现实中 AI 也在我的身边。我们家中有一个扫地机器人,扫地的效率确实高,能帮助我和我的家人减少很多工作量。但同时,我也变得越来越懒,越来越不爱劳动了。原来让我去洗个碗,扫个地(大块纸张扫地机器人扫不了)我可能说完就去做,几分钟就做好了,现在在做家务,就会前期磨叽几分钟甚至十几分钟,心中一万个不愿意,终于做家务了就想着快点做完,而不是把它做好,但最后发现其实我花费的时间还比小时候花费的时间要多。①

如上述案例所示,自述者真实描述了自己在推荐算法影响下社会能量的消耗体验。

---

① 傅大源:《我生活中的 AI 及其利弊》,课程作业,北京邮电大学,2020 年。

信息传播技术如何使社会行动者上瘾？有研究者称，内容推荐规则和协同过滤推荐规则是目前各种新闻聚合平台等在推送新闻时所广为使用的算法类型。内容推荐规则，比较好理解，这种推荐规则在推荐新闻时是基于用户的行为习惯，优点是推荐的内容相关，但缺点也很明显，即推荐的内容会比较单一。对于这一点，我们作为用户其实都有感触。比如，某天当我们在手机上浏览某本书时，那么接下来几天，可能你都会被推荐这种类型的书籍。为了弥补这一问题，于是，协同过滤推荐规则便出现了，所谓的协同过滤，即指通过寻找用户的相同爱好的群体，推荐相同浏览记录或行为。这种推荐规则就避免了特征分类单一的不足，实现动态推荐。当然，当下大多数平台都会将多种算法综合运用，以求得更佳效果。① 因此，技术通过对人性的透彻了解，抓取人性的弱点，不断给社会行动者投喂其感兴趣的内容，使社会行动者一次次地延长收看收视时间，成功地使用户社会行动者沉迷或短暂沉迷于其中。在不知不觉中损耗自身的社会能量。在数字技术社会，我们不断地创新各种新兴技术，却不时发现我们越来越陷入我们自己所编织的罗网中。

当然，与其说是技术，不如说是技术背后的公司利益所致。例如，拥有人工智能博士学位的 36 岁法国程序员纪尧姆·查斯洛特曾在谷歌工作了三年，他和一个 YouTube 工程师团队一起工作了几个月，他们正在研究推荐系统。他认为，YouTube 上的东西并不是真的现实，而是扭曲了的现实，旨在让浏览者花费更多的时间在上面。查斯洛特解释说，算法永远不会保持不变。与他一起工作的工程师负责不断尝试新的公式，通过延长人们观看视频的时间来增加广告收入。"观看视频的时间是优先考虑的事"，这背后显然是

---

① 《热搜新闻将我们"裹挟"？人工智能专家这样说》，搜狐网，https://www.sohu.com/a/221399419_115239。

公司利益的考量,而非是用户的利益。科技公司为了自身的利益,往往会牺牲用户的利益。过分关注向人们分发他们不可抗拒的视频,会扭曲现实,并创造出过滤泡沫,因为算法只是向人们展示能够强化他们现有世界观的内容。[①]

四、"AI 依赖"与社会能量的消耗

前述,我们分别从信息传播技术的内容和技术自身两个层面探讨了信息传播技术依赖现象以及对社会行动者社会能量的消耗。信息传播技术在不断更新发展迭代中,随着新兴 ICT 技术如人工智能的出现,便出现了"AI 依赖"这一新的依赖现象。在调研中发现,无论是内容,还是从技术自身(如技术的硬/软特征),AI 依赖现象是真实存在的社会现象。例如,自述者在自述中描述了自己与人工智能体的交互体验。

> 案例:我与小爱同学的交互体验
> 我入手了风靡抖音的天猫精灵小爱同学,加以我当时的手机——
> 小米 5,每逢休息日回家,我们一家三口都要轮番和小爱同学展开新奇
> 的对话,甚至是人脑对智能的一种"调戏"。
> "小爱同学,我明天不想上班了。"
> "买个碗,你就是老板;我带着你,你带着碗;我负责哭,你负责喊;
> 过年挣了钱,我们一起当老板。"
> 小爱同学像如此的神回复逗得我们一家人笑开了花。

---

① 《反思 Youtube 算法:个性化内容推荐能毁掉你的人格》,搜狐网,https://www.sohu.com/a/222206410_114819。

　　渐渐地,小爱同学对我们一家人生活的意义已经不是简单的停留在为平淡的生活增添乐趣,更多的是提高生活效率,提升生活质量,服务于生活。

　　"小爱同学,取消凌晨5:30的闹钟。"

　　"好的,已为您取消。"

　　"小爱同学,帮我记一下,遮光窗帘高2.8米。"

　　"没问题,我帮你记下来了。"

　　"小爱同学,我想听周杰伦的歌。"随即,《七里香》便在房间回响。

　　"小爱同学,别放了。"声音顿时消失。

　　"小爱同学,能帮我找找我的手机吗。""已为您定位。"掉落在沙发下的手机滴滴滴发出响声。

　　真实的生活体验增进了我对 AI 技术的迫切求知。伴随着 5G 技术的逐步开发应用和科学技术的飞速进步,从阅读书籍到入手体验,AI 技术使我产生的依赖感与日俱增。[①]

笔者曾经在《人工智能与社会发展》课程中,就"AI 依赖"话题设计了自我报告作业,

　　您有过对智能助手或其他智能体的依赖体验吗? 如有,请结合具体实例详细谈谈您的体验。包括但不限于如下问题:当时是什么感受? 为什么会产生依赖? 现在还有吗? 如果没有,您是如何摆脱依赖的? 您认为如何避免产生依赖呢? 等等。

---

① 常峥:《浅谈平淡生活中的 AI 体验》,课程作业,北京邮电大学,2020 年。

信息传播技术与社会能量

　　就课程中所提及的"AI 依赖"问题,学生在提交的自我反思报告中,提到了自身对智能设备的依赖,

　　　　当我意识到这一状况后,我感到十分担忧。因为当我沉迷其中之时,就感觉我如同失了魂一般的深深陷入其中,将自己的一切都投入其中,仿佛游离于人世之外,飞翔于夜空之中,忘记了时间,忘记了自己还要赶的作业。那种感觉,像极了一位被剥夺了自我的人偶。更可怕的是,我本人却丝毫察觉不到,甚至还乐在其中。①

　　AI 技术不仅能够用来增强社会行动者的社会能量,正如前述章节中曾提及的,同时也可能消耗人的能量,例如本章所论及的 AI 依赖现象。目前,市场上的性爱玩具正变得越来越成熟,并且有不少开发商都希望将人工智能也引入他们的产品里。性爱机器人所带来的一个挑战便是机器人不会拒绝,可能会带来依赖或成瘾问题,因此一些人呼吁要限制性爱机器人的研发。

　　我们在前述探讨了社会行动者信息传播技术内容和技术自身依赖的表现,此外,尤应注意的是,我们不能忘记社会行动者使用 ICT 的社会环境对依赖的影响。其实,就依赖或成瘾而言,其他研究者已经对影响成瘾的社会环境因素进行过探讨。例如,1974 年,社会学家李·罗宾斯(Lee Robins)发现,那些从越南战场归来的有海洛因依赖症的士兵,在返回美国后,只有约7%的士兵继续服用海洛因,约有1% ~2%的士兵会短暂陷入吸毒状态,大多数士兵都已成功戒毒。② 显然,就此案例而言,染上毒瘾的美国士兵在脱离了

---

① 高崇:《人工智能社会学》,北京邮电大学出版社,2020 年,第 36 ~ 37 页。
② 林落:《上瘾是不是病?》,科学新闻网,http://www.sciencenet.cn/skhtmlnews/2018/1/3811.html。

越南战争环境之后,"大多数士兵都自行成功地戒掉了毒瘾"。当然,此处所谓的社会环境不仅仅指的是社会地理环境,更指的是成瘾者所面对的其他社会压力等因素。正如,有研究者所言,

　　在这种情况下,能够与不能克服毒瘾的人之间的区别,在很大程度上取决于选择的决定因素。为了戒掉药物上瘾,就需要一种可行的替代办法来予以依靠,而这些办法通常又是行不通的。实际上,许多成瘾者所承受的事情要比吸毒成瘾本身更为痛苦,比如贫穷、长期滥用药物等。因此,尽管选择原则在理论上是可行的,但人们的可行选择在很大程度上取决于超出了其控制范围的选择决定因素。①

　　正是因为"许多成瘾者所承受的事情要比吸毒成瘾本身更为痛苦",比如贫穷等社会压力因素,其在很大程度上影响了成瘾者的选择,这种观点正确指出了成瘾者在依赖或成瘾上的能动性,但是这种成瘾者的社会能动性显然会受到来自社会文化等结构性因素的制约。研究发现,大学生手机上瘾与家庭教养方式有相关性。大学生手机上瘾与父母对子女从小的教育方式及态度有关,即与父母对子女过度保护、过分干涉、惩罚严厉;过度放纵、过度偏爱;过分冷漠等因子密切相关。② 因此,综合上述对信息传播技术依赖的分析,我们在此提出了社会行动者信息传播技术依赖的机制框架,包括这种依赖对社会行动者社会能量的消耗。

　　在表7中,我们梳理了信息传播技术依赖中的内容、技术和社会环境因

————————

　　①　林落:《上瘾是不是病?》,科学新闻网,http://www.sciencenet.cn/skhtmlnews/2018/1/3811.html。

　　②　姜淑珍、杜阳:《大学生手机上瘾与家庭教养方式:问题、影响及对策》,《当代教育实践与教学研究》,2019年第10期。

素的影响,尤其是对信息传播技术依赖的内容和技术因素进行了较为深入地分析,这种分析或者说信息传播技术依赖无疑指向了社会能量的消耗,包括社会行动者生理、心理、社会关系等层面的能量消耗。例如,社会行动者对微信朋友圈等各种社交媒体平台上瘾,虽然在需要社会支持时,也许能够受到社会支持,但是平时需要耗费行动者的社会能量,例如,当社会关系网络中的其他行动者需要社会支持时,在这种情况下,社会行动者需要调用自身的社会能量去帮助,这同样会损耗自身的社会能量。当然,也需要辩证地看待这个问题,因为这种社会能量的损耗,从另一方面而言,往往也是一种对未来的投资,即当未来某个时刻自身需要社会能量支持时,社会行动者便可能会受到来自其他行动者的社会能量支持。

表 7　信息传播技术依赖机制和社会能量的消耗

信息传播技术		依赖	社会能量的消耗
	内容	功能性	
		形式性	
	技术	硬特征	
		软特征	
社会环境			

　　总之,我们对信息传播技术依赖的认识不能陷入技术决定论的窠臼。对于信息传播技术依赖现象,无论是对内容,还是技术自身,都不能忽视社会行动者社会能动性以及所处社会文化结构因素的影响,只有从人-技术-社会这个视角才能更好地理解信息传播技术依赖,以及对社会行动者社会能量的消耗。

第七章 信息传播技术、死亡与社会能量的消逝

什么是能量的消逝？能量能否消逝？笔者此处所谓的"能量的消逝"指的是能量在转移或转化过程中的一个阶段，或者是说能量在向其他形式转化或转移中的一个过程。那么从这个界定出发，"死亡"便能够成为笔者观察能量的消逝现象的一个场域或切入口。

死亡是人的基本属性之一，生和死成为人们持续探索的命题。人们生于社会，亦死于社会。即死亡具有社会性。以能量的视角观之，臧克家的《有的人》诗句指出了社会能量形式之间的辩证关系。有的人虽然从生理能量角度而言还活着，但是从社会能量角度而言已经消逝了；有的人虽然从生理能量角度而言已经消逝了，但是他在社会能量上还"活"在社会上。

本章将从社会能量视角，在死亡这一场域，探讨信息传播技术对死亡的社会影响。

一、死亡的社会性——社会能量的消逝

雅各布森曾言,死亡与社会学相关,因为如果没有死亡,社会学就没有了研究的主题;尽管我们的确不会知道这一问题——假如没有社会学家发现它并为之哀叹的话。[1] 死亡是人类面临的一个永恒主题,死亡并不仅仅是一个自然事件,同时也是一个社会事件,包括死亡的认定标准、对待死亡的态度、死亡的原因/形式等方面。

(一)死亡的社会性表现在死亡标准的认定上

"死亡"常常被认为是社会行动者肉体的消逝。但是对于"死亡"的标准,即到底是脑死亡还是心脏死亡的标准问题,一直存有差异。而需要指出的是,这种差异往往不是医学上的,而是社会文化造成的。例如,儒家讲究"孝"文化,认为对于那些濒危的父母亲人,不能弃之不顾,更不能催其早死,否则就是不孝。在这种"孝"文化之下,所谓的脑死亡、安乐死等观念一直很难被接受,在"死亡"标准问题上,人们往往还是倾向于做出符合传统"孝"文化的选择。[2] 由此可见,在死亡标准的认定上凸显了死亡的社会性。

(二)死亡的社会性表现在社会行动者对待死亡的态度上

人们对待死亡的态度随着各地社会文化的差异而不同。儒家强调"未知生,焉知死"。培根在《论死亡》中谈道:

> 死亡如同诞生一样自然;对婴儿来说,每个人的痛苦,好像没有差异。迫切追求死亡的人,很像在热血中受伤的人,很少有人感到痛苦;

---

[1] [丹]迈克尔·赫维德·雅各布森、王静:《社会学视域下的生命有限性及同命性——齐格蒙特·鲍曼谈死亡、濒死和不朽》,《学术交流》,2017 年第 6 期。

[2] 周文华:《从社会文化的角度看脑死亡》,《医学与哲学(人文社会医学版)》,2009 年第 6 期。

所以一心向善的人，只要意志坚定，就不会因为死亡而悲伤。然而最重要的，莫过于相信，当一个人达到目的，如愿以偿之后，所唱的甜美圣歌就是："现在请让你的仆人离开吧。"死亡，还有一大亮点：既能开启美誉之门，也能熄灭满心妒火。同是一人，生前遭人嫉妒，死后受人爱戴。①

古代历史上，人们对待死亡的态度往往会受到自身所处社会阶层的影响。帝王将相，王公贵族，不断地持续寻求长生不老之丹药，客观上也促使了炼金术的发明。"人生自古谁无死，留取丹心照汗青。"文天祥这一千古流传的诗句，道出了社会行动者将个人死亡与社会历史关联的观点。

尤其体现在人们对待死者尸体的态度上差异亦比较明显。人们对待尸体的态度往往与各地的生活方式等文化因素相关。例如，农耕民族往往倾向于土葬，死者死后归于土地，与土地合二为一，以此完成能量的循环。高原民族则往往奉行天葬。而后期中国殡葬方式的改革则更多的是出于对土地集约利用的考虑，仍然体现出农耕文化等因素的影响。这些殡葬方式及其变化无不显示出社会文化因素的影响。

死亡仪式既展现了人们对死亡的态度，同时也是一种文化表现。例如，在西非国家加纳，人们几乎以喜庆的方式表达了对死者的悲痛。② 此外，中国农村死亡仪式的变化也反映了社会文化的变化。

（三）死亡的社会性表现在死亡的原因上

死亡的原因各有不同。社会行动者会因为疾病、战争、暴力、自杀等各种原因死亡，即便是自杀，在涂尔干看来，也是与社会密切相关的，即与社会

---

① 培根：《论死亡》，叶德利译，新浪网，http://blog.sina.com.cn/s/blog_ec8f562b0102xj6c.html。

② 邵海军、魏梦佳：《随笔：加纳的葬礼习俗》，搜狐网，https://news.sohu.com/20130403/n371664108.shtml。

的失范相关。对此,国内有研究者对农村自杀死亡案例进行了研究,研究结果显示,自杀组的社会支持各维度评分均低于对照组,社会支持中的客观支持与社会支持利用度均与自杀相关联。高社会支持,尤其是高客观社会支持与高社会支持利用度是农村居民自杀的保护因素。①

上述,我们分别从死亡标准的认定、对待死亡的态度以及死亡的原因/形式等方面,论及了死亡的社会性。死亡数字成了权力斗争的场域。谁去死、谁先死,死亡的先后问题也成为政治问题。

正如一开始所言,死亡可以被视为社会能量的消逝。但人们常常只是从生理能量的消逝角度来谈论死亡,认为人的死亡,意味着停止了对食物等物质能量的吸收和转化。显然,将"死亡"视作生理能量的消逝并没有问题,但是从社会能量的视角观之,这种理解并不足够,因为正如前述,社会能量不仅包括社会物理能量和社会生理能量,同时还包括社会心理能量和社会关系能量以及符号态的社会符号能量。因此,将"死亡"仅仅理解为只是社会物理能量和社会生理能量的消逝,目前看来是有些狭隘了。死亡问题还应该涉及对社会心理能量和社会关系能量以及社会符号能量的探讨。

下面,我们将主要从之前被忽视的社会能量的其他层面来探讨死亡问题。我们将死亡分为生理性死亡和社会性死亡两种类型来探讨信息传播技术对作为社会能量消逝的死亡的影响。

二、信息传播技术、生理性死亡与社会能量的消逝

在本节,如无特别说明,死亡便指的是生理性死亡。

---

① 路长飞等:《社会支持与农村自杀死亡关系病例对照研究》,《中国公共卫生》,2011 年第 3 期。

（一）信息传播技术、生理性死亡与社会能量消逝的非同步性

如前所述，社会能量是包含社会物理能量、社会生理能量、社会心理能量、社会关系能量以及社会符号能量的集能"源"和能"力"为一体的概念。但就生理性死亡而言，社会物理能量、社会生理能量的消逝，与社会心理能量、社会关系能量以及社会符号能量的消逝并不同步。显然，这存在着一个死亡的连续统。或者说，最先消逝的是社会物理能量和社会生理能量，其次是社会心理能量和社会关系能量，最后是社会符号能量的消逝。也就是说，只有走完了这整个社会能量的部分，才能被认为是完成了"死亡"，或者说是社会行动者"真正"的死亡。

对于一个已经生理性死亡的社会行动者而言，虽然其社会物理能量和社会生理能量最先消逝了，但是对于他/她的亲属以及其他有关的人而言，他/她并没有很快"死亡"，其仍然"活"在其他人的心理和社会关系之中。例如，中国存在着的祭祀先祖的习俗，如果从社会能量的视角观之，则是通过祭祀的形式，与先祖重新建立起社会关联，更多的是一种文化上的意涵。又如西非国家加纳，人们认为，死亡是人生命的一部分，逝者在另一个世界会见到自己的祖先，生命又会以另一种形式开始。而且，人们在葬礼的组织上，很多名人或有钱人还要在媒体上刊登广告，或在显眼的地方张贴海报。[①]从社会能量的消逝观之，死亡不仅仅是社会生理能量及社会物理能量的消逝，同时应该更多的是指社会关系的终止。社会行动者死亡后，尤其是有"身份"的人，往往会发布一则"讣告"，即把死亡信息及时告知死者的亲朋好友，尤其是死者的社会关系网络。甚至是通过登报，或者其他媒体形式的方式告知，以宣告这一死亡事件，这代表着一种死者的社会关系的结束。例

---

① 邵海军、魏梦佳：《随笔：加纳的葬礼习俗》，搜狐网，https://news.sohu.com/20130403/n371664108.shtml。

如，无论是哪一种形式的讣告，尤其是新闻报道式讣告，往往都具有告知的功能，旨在通过这种方式，借助媒体，从而扩大告知范围。再如，网络上某些纪念网站会提供"在线讣告"服务，借助信息传播技术，能够将讣告信息告知更多的人，成为用户为逝世的亲人或朋友表达哀思的新形式。

这不仅是作为生理的形式宣告生理的死亡，同时以话语的方式宣告社会性的死亡。当然，现在"社会性的死亡"有着不同的解读，我们在后面再继续探讨。但是需要指出的是，在信息传播技术介入下，这并不是代表着社会能量的完全消失。信息传播技术的出现，给社会物理能量及社会生理能量的消逝带来了新的问题，即死亡人的社交媒体账号这一能量资源的消逝问题。

显然，信息传播技术的存在，则强化并放大了这种社会能量消逝的非同步性。

（二）信息传播技术、生理性死亡与社会能量的延续

此处便涉及在信息传播技术介入下，人的"永生"问题。正如前述，追求"永生"，自古以来便成为许多社会行动者的愿望和追求，也代表着不同的社会行动者对死亡的认知和态度。

"永生"，本质上原意是社会行动者寻求社会物理能量和社会生理能量的永存，但是从社会能量的生命周期而言，这也是不现实的。虽然，从古至今，从内而外，一直都有人在寻求能够长生不老之仙丹妙药，在文学作品中也多有表现，但至少就目前而言，也只是人类的一个美好的愿望而已。当然，一些最新的技术进展，如基因编组技术据报道能够试图矫正个体的基因缺陷，进行有针对性的修复，从而达到"永生"的目的，"借助于信息传播技

术,实现永生的可能性。现代科技的发展让死亡可能成为一种选择"①。但是这仍然是处于期望中的。此外,信息传播技术的进展,已经部分在人体上做尝试,就像前述章节中所述,对社会行动者身体的赋能,但这只是涉及社会能量的增强。

关于"永生"这一社会能量的延续话题,目前主要是涉及"数字人",即试图通过延长社会心理能量、社会关系能量尤其是社会符号能量,从而达到所谓的"永生"。当然,称为"数字人"并不是意味着真的"活"在服务器上,也不是将人的大脑与电脑连接。项目组旨在通过向参与人卡帕兰收集信息后,基于此构建一个 AI 聊天机器人。此后,卡帕兰的后代便可以不仅能够听到他的声音,而且还可以跟他的"虚拟形象"进行互动。② 在这个案例中,通过记忆保存项目,卡帕兰成为一个在技术上"永存"的 AI 机器人。从社会能量的角度而言,通过这种方式,卡帕兰的后代在其生理能量消逝后,保证卡帕兰仍然能够通过技术的方式使自己处在子女后代的社会关系网络中,显然,这需要取得其后代子女的认可,对于他的后代子女而言,卡帕兰仅仅只是生理能量的消逝,他的社会能量仍然存在。

由上述分析可见,死亡本被认为是生理能量的消逝,往往更多是一种自然的变化。但是后来人们将其变成了一种社会文化事件,成了一种仪式,一种关系确认的形式。在信息传播技术的介入下,更是如此。信息传播技术不仅强化并放大了社会能量消逝的非同步性,同时以一种数字科技的形式,延续了死亡人的社会能量的存在。这体现出技术尤其是信息传播技术与死亡的关联。这既是我们研究死亡的一个视角,同时也是我们探讨信息传播

---

① 曹成双:《当死亡成为一种选择——现代科技发展下的伦理反思纲要》,《阴山学刊》,2019年第8期。

② 《第一批活在云端的"数字人"即将诞生,他们真的能永生吗?》,百度网,https://mbd. baidu. com/newspage/data/landingshare? pageType = 1&isBdboxFrom = 1&context = %7B%22nid%22%3A%22news_9518195247903838414%22%2C%22sourceFrom%22%3A%22bjh%22%7D。

技术的社会影响的一个有意思的视角。

三、信息传播技术、社会性死亡与社会能量的消逝

我们在前面论述了生理性死亡的社会能量消逝的非同步性，即先是个体社会物理能量、社会生理能量的消逝，然后是社会心理能量、社会关系能量的消逝，最后是社会符号能量的消逝，伴随着这一过程，个体的社会能量渐渐消逝，这是一个渐进的、缓慢的过程，不能将死亡仅仅视为一个时刻，从社会文化角度，应该将死亡视为一个过程，一个社会能量逐渐消逝的过程。我们在本章中，将死亡分为生理性死亡和社会性死亡，此处所谓的社会性死亡，从社会能量的视角而言，更多地是指个体社会关系能量的消逝，个体在社会中被排斥、被隔离。我们下面将探讨信息传播技术对作为社会能量消逝的社会性死亡的影响。

（一）信息传播技术、社会性死亡及新生

"传染病"这个概念本身便隐喻着对人与人社会关系的影响。在医疗条件发达的当下社会，我们可以对传染病患者进行隔离治疗，待其恢复后可以重返社会；但在医疗条件低下的社会，人们往往对患病者进行物理隔离，任其自生自灭。从社会能量的视角而言，这对患病者而言，往往意味着社会关系能量的消逝，最终导致的是生理能量的消逝。所以，从这一点来看，这与前述的生理性死亡的社会能量消逝过程顺序并不一致，在社会性死亡中，最先消逝的往往是个体的社会符号能量、社会关系能量。例如，学者西格里斯特在《疾病的文化史》中讲述了发生在苏门答腊的库布人社会中的事例。苏门答腊有一群生活在原始森林里的库布人，鉴于这种生活环境，库布人经常会遭遇一些皮疹、创伤等病痛，但是有意思的是，库布人并不认为这些患病的人跟其他人有什么不同，因为他们是基于社会的标准而不是身体的标准

来做此判断。他们认为,只要一个部落成员能够继续过部落式的生活,那么他/她的健康状况就不会带来其他个人或整个社会的任何反应。但是需要指出的是,当病人处于重病的情况下,情况就变得不一样了。比如,对于患有天花的部落成员而言,因为他/她已经没有能力参与部落生活,也丧失了劳动能力,因此这个患者不仅会被部落抛弃,也会被自己的亲属抛弃,"所有人对他避之唯恐不及,就好像他是一具尸体,这使得他完全孤立。患病者早在身体死亡把他打倒之前,就已经在社会的意义上死去了"①。

正如西格里斯特所言:"患病者早在身体死亡把他打倒之前,就已经在社会的意义上死去了。"这便是"社会性死亡"的含义之一。他在书中还举了中世纪欧洲社会对待麻风病人的例子。

> 当麻风病在中世纪初期开始对社会构成一种威胁时,人们强烈地抵制它。把麻风病人终生隔离起来,似乎是保护整个社会唯一可行的措施。如果得到确诊,病人就被临时隔离在一个偏远的场所,稍后再进行复查。但是,当诊断结果确定无疑的时候,麻风病人便将被终生隔离。他被逐出人类社会,被剥夺公民权利;在有些地方,还会为他举行一场安魂弥撒,就这样,他被他相关的那个社会宣布死亡。②

对于这些麻风病人而言,当被确诊后,他/她们往往会被终生隔离,住在专门的麻风病院里,与其他麻风病人做伴,他/她会得到一些具体的指示:

> 无论你想购买什么东西,你都只能用一个杆子去触碰它。

---

① [美]亨利·欧内斯特·西格里斯特:《疾病的文化史》,秦传安译,中央编译出版社,2009年,第62~63页。

② 同上,第68~69页。

你不得进入任何酒馆或其他房子,当你买酒的时候,应该把它灌进你的瓶子里。

你不得与任何女人交合,甚至也不能与你的妻子交合。

如果你过桥,只有你戴上手套之后才能触碰栏杆。①

这是古代欧洲社会对待麻风病人的事例,在古代中国社会,对待麻风病人也有类似的措施。屈大均说:"有司者倘复买田筑室,尽收生疯男女以养之,使疯人首领为主,毋使一人逸出,则其患渐除矣。"②

显然,从上述事例中,我们可以看到古代社会对待传染病患者的一个通常举措便是宣布患者的"社会性死亡",即"他被他相关的那个社会宣布死亡"。

但是我们需要注意到,这是在一个信息传播技术(ICT)不发达的状况下的物理和社会隔离而带来的社会性死亡,那么在信息传播技术日益发展,互联网革命和移动互联网迅速发展,尤其是新兴的 5G 等新一代信息传播技术的应用,极大地拓展了人们社会交往的空间。这种影响不仅是物理空间的突破,同时也意味着非接触性的社会空间的拓展。而这些便给那些原先被宣告"社会性死亡"的人带来了社会性新生。例如,在"长腿叔叔"的案例③中我们可以看到,微信等信息传播技术工具给这位癌症晚期患者带来了社会性新生。患者之前的社交范围较小,只能和志愿者聊聊,与护工的关系很亲近。现在有了平板电脑,装了微信等社交工具,可以和更多的人交流、联系,与外界的接触更多。我们不能将自闭症视为"社会性死亡"。在此将自

---

① [美]亨利·欧内斯特·西格里斯特:《疾病的文化史》,秦传安译,中央编译出版社,2009年,第69~70页。

② 周东华:《明清中国麻风病"污名"的社会建构》,《学术月刊》,2012 年第 8 期。

③ 黄夏燕:《与死神共舞:癌症晚期患者死亡认知的过程研究——以长腿叔叔的生命故事为例》,华东理工大学硕士研究生学位论文,2015 年。

闭症放在这部分,仅仅只是强调自闭症患者所出现的跟社会相隔离的症状。这种社会的自我隔离常常导致社会能量的消逝。自闭症,常被认为是一种心理病症,常常导致的就是与社会的交往面狭窄,在自闭症的康复训练方法中,其中之一便是要经常跟自闭症患者交流。

(二)信息传播技术、社会性死亡与社会符号能量的消逝

在上一节,我们探讨的社会性死亡主要指的是社会关系能量的消逝,在本节,我们将主要从社会符号能量的消逝来探讨社会性死亡。

"社会性死亡"一时间成为网络热词。"社会性死亡"常指个体在公众面前出丑从而导致无地自容,甚至无法继续维持原有社会关系的情形。法国新社会学派布鲁诺·拉图尔在《重组社会》中认为:人和技术互动的过程中可能会出现不适配的情况,"物"本身也是行动者。技术的问题会让作为使用者的人陷入尴尬,增加社会性死亡的风险。①

此种类型的"社会性死亡"显然并非自今日始。传统社会,即便是在人员流动范围和频率相对较小,但是舆论的力量也是起到了社会控制的功能。"跳到黄河也洗不清"等俗语便也说明了舆论致人于社会性死亡的威力。只是在信息传播技术影响日益深入社会生活的当下,"人人都是记者""人人都有一台麦克风",这些都无形中放大了舆论的力量,强化了社会符号能量的消逝。当然,我们从一些新闻报道中也可以看到,这同时也给谣言提供了舞台和空间。无论是谣言还是真实的消息,通过信息传播技术带来的"社会性死亡"值得研究者进一步关注。

(三)信息传播技术、社会性死亡与社会心理能量的消逝

此处,"死亡"仅为象征物,并不是真的生理能量的消逝,死亡在此成为

---

① 岑雅琴:《社会性死亡:论当众出丑,我就没输过》,腾讯网,https://mp. weixin. qq. com/s/xtSMdV8vELrwyaZL197XaQ。

一种隐喻。我们在此更多地是指社会心理能量的消逝。例如,我们常听到的"丧文化"现象。据研究,"丧"本意指失去、情绪低落或者不吉利、倒霉等。① "丧"字具有"失去、丢掉"的含义,进而引申义为"灰心、失败、逃亡"等消极含义。② "丧"被认为是一种流行于青年群体当中的带有颓废、绝望、悲观等情绪和色彩的语言、文字或图画,它是青年亚文化的一种新形式。③

除了所谓的"丧文化"现象之外,还有一些类似的说法或者现象。例如"佛系青年""低欲望社会"等。这些概念虽然名称不同,但显然无不指向当下社会中社会心理能量的消逝。不同的研究者从不同的学科视角,例如经济学、心理学、社会学等去寻找探讨这种现象的原因,我们在此引入信息传播技术这个变量,认为信息传播技术作为一种环境,从外部环境也促生了这种现象的发生。例如,程序员的负能量心态表现在程序员的"丧文化"。这表现为充满丧气,不过从另一个角度而言,在长期面对电脑面对代码的时间里,人总会产生负面情绪,这种负面的情绪积累就会产生这种心态。此外,我们在前述章节中探讨过的信息传播技术依赖现象以及由此而带来的社会能量的消耗等现象也容易导致这种社会心理能量的消逝。

前述我们针对社会性死亡,分别从社会关系能量消逝、社会符号能量消逝和社会心理能量消逝等层面进行了分析,相对于生理性死亡而言,社会性死亡便更多是某种死亡的隐喻,虽然随着社会关系能量、社会符号能量或者社会心理能量的消逝,最终可能会导致生理性死亡的现象。

有学者指出,"在遭受压力时,社会个体会躲到远离喧嚣的'洞穴'里,他

---

① 李松:《现代汉语词典:新编增补本缩印本》,吉林人民出版社,2009 年,第 675~676 页。
② 谢春芳:《当代青年"丧文化"的透视与引导》,《山东青年政治学院学报》,2018 年第 4 期。
③ 萧子扬:《社会心理学视野下的网络青年"丧文化"研究》,《青少年学刊》,2017 年第 3 期。

们在'洞穴'里恢复耗尽的体力和疲惫的内心,也在'洞穴'里反省与沉思"①。鲁迅也曾经说过,"躲进小楼成一统,管他春夏与秋冬"。"小楼"也好,"洞穴"也罢,对于社会行动者而言,这是一个能够让社会行动者短暂性的"社会性死亡"的地点,在这个时刻,社会行动者能够进行内心的反省与沉思,回顾过去,思考当下,筹划未来。这是一种社会能量消逝的辩证法,一种暂时性"社会性死亡",实则指向的是再生。正像鲍德里亚所言:"不能截然分开死亡与生命。死亡不是到期付款,而是生命的色调变化——或者说生命是死亡的色调变化。"②作为个体和肉体的死者消失了,但又通过社会的文化(仪式、记忆)而回到生者当中。死亡是集体性或社会性的事件。生与死之间并无绝对的界限,生者通过葬礼、祭祀、纪念和继承业绩等活动来重建与死者的关系。③ 我们在此也并非将死亡视为一个静止的点,死亡并不仅仅是社会物理生理能量的消逝,同时也是社会心理、社会关系和社会符号能量的消逝。

鲍曼曾经指出:"我们受到来自三个方面的痛苦的威胁:一方面是来自我们的肉体,它注定了要衰老、死亡,而且,如果我们的肉体失去了疼痛、焦虑这些征兆,它甚至就不可能存在。"④在此,鲍曼指出了作为社会行动者而言,肉体死亡的不可避免性。但是同时我们也应注意到社会性死亡的隐喻现实,尤其是信息传播技术从社会能量消逝视角对生理性死亡和社会性死亡的影响。

死亡其实本质上是一个能量场,在这个能量场中,有死者能量的消逝,

---

① 王思渔:《"洞穴"是男人的心灵圣殿》,百度网,https://mbd. baidu. com/newspage/data/land-ingshare? pageType = 1&isBdboxFrom = 1&context = %7B%22nid%22%3A%22news_9660903666638761093%22%2C%22sourceFrom%22%3A%22bjh%22%7D。

② [法]让·鲍德里亚:《象征交换与死亡》,车槿山译,译林出版社,2008 年,第 280 页。

③ 杨善华、谢立中主编:《西方社会学理论》(下卷),北京大学出版社,2006 年,第 300 页。

④ [英]齐格蒙特·鲍曼:《流动的恐惧》,徐朝友译,江苏人民出版社,2012 年,第 58 页。

有生者能量的宣泄,有能量的交换等。同时,这个死亡的能量场本身也受到其所处的社会文化的影响。每个社会行动者都有社会能量,在能量场中,每个社会行动者都能够意识到能量的增强,但是有的社会行动者因为与中心的关系强,所以当能量场的中心逝去的时候,感到能量的衰减,而有的人则感到解脱,感受到能量的增强,这是一种能量的转化。这便是下一编的主题。

第三编　社会能量的转化

第八章　信息传播技术、礼物与社会能量的交换

　　在本书中,我们将能量界定为包含能"源"和能"力",或资源和能力的双面一体的概念。资源可以被视为结构要素;能力可以被视为行动要素,由此社会行动者之间的能量交换包括资源和能力维度,正如杨桂华所言,"社会各子系统边界进行着结构上和行动上的能量交换"[①]。例如,婚姻"市场"上的社会能量交换现象。在古代明清时期,徽州宗族重视对方的家世门第与人品才学,这可谓看重的是对方的社会能量。[②] 从社会能量的视角观之,可以说,20 世纪 50 年代至 70 年代,人们的择偶标准更倾向于社会关系能量,如政治条件、家庭背景和社会地位等;到了 80 年代之后,感情等社会心理能量因素越来越占主要地位,当然,无论是哪个年代,身体健康等社会生理能量因素都是基础性条件,只是有时更倾向于社会关系能量,有时则更偏重于感情等社会心理能量因素而已。据调研发现,在女性对所征配偶的各项

---

① 杨桂华:《社会能量的特点、功能和意义》,《哲学研究》,2015 年第 4 期。
② 黄静静:《明清时期徽州女子的择偶标准》,《佳木斯大学社会科学学报》,2015 年第 4 期。

要求中,我们可以看到,占绝大多数的品质和个人素质类,其次是健康,紧随其后的是社会资源类的房车和职业。① 从社会能量的视角观之,这些征婚广告中的条件,"责任心""感情专一""性格"等偏重于心理能量因素的,而"健康""身高"等侧重生理能量因素,"房车"侧重于社会物理能量因素,"职业状况"等则偏重于社会关系能量因素。

因此,从对婚姻"市场"的分析,我们可以看到社会能量交换现象的存在。再如下述这个案例《你是结婚后多久开始厌倦的?》所示。在这个案例中,这位自述的女士是一位离婚人士,她的前夫一开始追求她,然后两人之间谈了两年恋爱,随后结婚,一切都按部就班,据这位女士讲述,她前夫和男方家庭对她都很好,婆媳关系等家庭关系也一直比较和谐。但后来两人还是离婚了。谈及离婚原因,这位女士表示是她的前夫厌倦了这种双方有距离的生活:男方对她一直都很好,但是没有得到女方对他的爱意。这位女士一直按照一位独立女性的方式而生活:努力挣钱,喜欢花钱等。② 从这个具体的案例中,我们可以看到,夫妻双方之间社会能量交换上的不对等不公平。一方自感付出了多于对方的社会能量,包括社会心理能量、社会关系能量、社会生理能量等层面。正是因为男方感到自己的能量付出没有收到相应的能量报酬,因此决意终止这份关系。当然,我们在此仅以婚姻"市场"为例,揭示出社会能量交换分析视角的可能性。在本章,我们以礼物交换为场域,探讨礼物交换中的社会能量交换现象,尤其是在信息传播技术介入下,这种礼物场域中社会能量交换中的新变化。

---

① 邬欣言、林启洋:《当代女性择偶标准及其影响因素研究——基于 365 则女性征婚启事的内容分析》,《中华女子学院学报》,2016 年第 4 期。

② 《你是结婚后多久开始厌倦的?》,知乎网,https://www.zhihu.com/collection/490486003。

一、礼物与社会能量的交换

（一）实物、虚拟、期待、文本：礼物的四种形态

"礼"和"物"构成了"礼物"，礼就是仪式或礼节（社会文化），物就是物质实体（自然物体）。① "礼"与"物"相连，使得"物"实现了由自然属性向社会属性的转变，"物"是"礼"的载体，本身就是一种实体资源；"礼"则是"物"的符号价值，表征着一种情感联系。也正是在这种实体与符号的勾连中，礼物具有四种不同的形态。

作为实物的礼物。礼物作为一种名称，它所指代的东西可能是多样的，这一名称其实负载着如其名称所示的一种"礼"的符号功能，但同时礼物又是实实在在的，也就是说在某个时刻它是实存的，是以某种实在的形象呈现的。礼物虽然是可以被预期的，但具体到什么实物，则多少还是会有差异。就具体实物而言，可能是一袋花生、一个红包、一个被单或其他的什么东西。礼物作为交往的媒介，作为一种实物形态，其负载着至少三种信息，第一种类型的意义可以成为信息的陈述性内容，其作用是对事件做出明确的陈述；第二种类型的意义可以称作信息的关系性内容，其作用是说明信息传达者和信息接收者的关系；第三种类型的含义可以称作信息的态度性内容，其作用是告诉我们应如何理解这一信息或者对此应持什么样的态度。② 如果要想充分理解某一信息就必须理解这一信息所传达的这三种不同类型的意义。当然，处在不同关系形态、强度下的交往双方，对这种信息的解读也存

---

① 阎云翔：《礼物的流动：一个中国村庄中的互惠原则与社会网络》，上海人民出版社，2000年，第5页。

② ［美］沃尔特·范伯格等：《学校与社会》（第4版），李奇等译，教育科学出版社，2006年，第103页。

在着差异。

作为虚拟存在的礼物。在信息传播技术应用背景下，"礼物"不仅包括各种各样的实体物品，同时也包括了各种虚拟存在的形式，例如，网络直播的"礼物"，各种社交应用中的点赞和评论等，都可以被视为虚拟形式的"礼物"，至少它们是指向社会交往的。

作为被期待的礼物。礼物作为黏合关系的媒介，既是一种建构关系的动力，同时其本身也作为一种结果而成为社会礼仪文化的一部分，是作为社会表演程式的道具，因此其是可以被预期的，当然这仅是想象中的、被期待的礼物。在双方交往中，它以这样一种虽虚拟但在未来某个时刻可以兑现的形式出现。另外，需要指出的是，社会行动者在不同"关系"形态下，对礼物的期待也是不一样的。"差序格局"这一概念简洁准确地阐述了中国传统社会中以农民为主体的社会关系特点。礼物也正是在这样一种关系格局下，以不同的被期待的形式，或被证实，或存在差异与冲突，为交往双方关系的发展增添了不确定性。

作为文本的礼物。就具体的交往实践而言，作为交往媒介的礼物还有一种独特的存在方式，即它是作为文本的礼物，是一种能够被解读的礼物。礼物一旦被视为文本，便具有了多义性。作为一种符号，如果以索绪尔符号学视角观之，它是一个自足的微型结构，包括能指和所指两个部分。这种能指与所指之间的关系是任意的、约定俗成的，那么这也为礼物以索绪尔符号学意义上的"所指"形态呈现提供了可能性，同时也为其后不同解读之间的不一致或冲突提供了可能性。

上述我们分析梳理了"礼物"的四种不同形态，从施为者角度，包括实物和虚拟的礼物；从接受者角度，包括被期待的礼物和作为文本的礼物。这其实包括礼物的物质态和符号态两种形式。作为实物的礼物和作为虚拟存在的礼物是物质态；被期待的礼物和作为文本的礼物是符号态。

（二）礼物交换即社会能量交换

正如上述，无论作为何种形态的"礼物"，礼物交换本质上便是社会能量交换过程。其实，"礼物"这个概念本身便意味着社会能量交换。因为"物"可以视为物质态的礼物，而"礼"则本身意为行动指向的，因此"礼物"本身就意味着能量资源基于一定社会交往规则（即"礼"）的双向运动。莫斯曾言，

　　　　所有这些体制，全都表明了同一个事实、同一种社会制度和同一种特定的心态，即一切——食物、女人、儿童、财物、护符、土地、劳动、服务、圣职和品级——都是可以转让和移交的。这些进出来往，便意味着无论在氏族之间、社会行动者之间，还是在品级之间、性别之间和世代之间，都存在着一种既关涉物也关涉人的精神方面的持续交换。①

莫斯指出了这种交换中存在的既关涉物同时也关涉人的精神方面的持续交换，社会行动者之间的社会能量交换也包括物和精神方面的交换。

我们下面将主要探讨在信息传播技术介入下，礼物交换场域下社会能量交换中的新现象。我们可以将信息传播技术自身视为礼物的一种形式，将信息传播技术视为礼物交换的中介，以及将信息传播技术作为礼物交换的环境进行探讨。如表 8 所示。

---

① ［法］马塞尔・莫斯：《礼物：古式社会中交换的形式与理由》，汲喆译，上海世纪出版集团，2005 年，第 24 页。

表 8　信息传播技术、礼物与社会能量的交换

		社会能量的交换		
信息传播技术	信息传播技术自身		实物 虚拟 期待 文本	礼物
	信息传播技术作为中介			
	信息传播技术作为生态/环境			
		信息传播技术、礼物与社会能量交换的伦理		

二、作为礼物的信息传播技术与社会能量交换

正如前述,信息传播技术作为技术的一种类型,既可以指产品/设备,也可以指某种"软"的技能/技巧。在此,信息传播技术产品常常因为其自身的高科技产品特征,以及产品本身被赋予的一些身份符号,而被用作礼物。

"礼物"这个概念本身便是指向交换的,意味着社会能量交换的循环。作为礼物的信息传播技术本身亦是如此。对于社会行动者施为者而言,信息传播技术产品本身便是社会物理能量,购买它需要凝聚社会生理能量、社会心理能量,作为礼物将其"送"出去,便意味着社会关系能量的再确认,同时,作为一种高科技产品,信息传播技术产品作为礼物,往往还意味着社会符号能量,即代表着某种价值身份认同。例如,一款智能衣服,之所以称之为是"智能",是因为在这款夹克衫的袖口内内置了一块由谷歌公司研发的芯片,借助这块芯片,用户可以通过操控袖口上的滑动按钮就可以实现 PPT的切换。显然,这款融合多项高科技功能的衣服,自然价格不菲。这款智能衣服不仅仅具有遮风避雨的使用功能,同时更多的是帮助使用者生活更加舒适,因此对于消费者而言,至少就目前而言,这不会是生活中不可或缺的

必需品,而更多地是一种体现身份认同的文化符号。①

三、作为中介的信息传播技术、礼物与社会能量的交换

上述,我们将信息传播技术作为礼物本身来分析社会能量的交换现象。在此,我们还可以将信息传播技术视为某种中介或工具,借助这种信息传播技术,社会行动者之间进行社会能量的交换。正如我们之前谈到的,礼物可以是实物,亦可以是文本的。一句问候亦可以视为某种礼物,传递着施为者的社会能量。电话在此便发挥着礼物交换的中介/工具作用。互联网/移动互联网革命的发展,使得社会行动者愈发可以跨越原先难以跨越的时空障碍,更便捷地进行社会能量的交换,这种交换既可以是实物的,同时亦可以是文本的。例如,威尔曼在《超越孤独:移动互联网时代的生存之道》一书中分享了一个案例。

案例:特鲁迪的故事

2007 年 12 月 3 日清晨,当特鲁迪·约翰逊-伦茨(Trudy Johnson-Lenz)在暴雨中走回房屋时,她跌倒在门前的台阶上。

在特鲁迪走下病床之前,彼得用手机给她拍摄了一些照片,记录下了她那层层包裹、缠紧绷带的头以及呼吸导管。他在半夜 12 点,将这些图片和整个事故的过程发给了一些朋友,收到了很多温暖的回应。

当他的朋友转发了有关特鲁迪的信息之后,在 36 个小时之内,整个北美有近 150 个人给他发了邮件。

---

① 《智能可穿戴的时尚单品,到底是不是"智商税"?》,虎嗅网,https://tech. sina. com. cn/roll/2019-04-27/doc-ihvhiewr7929771. shtml? cre = tianyi&mod = pcpager_news&loc = 37&r = 9&rfunc = 100&tj = none&tr = 9。

人们发来诗歌、爱的祝福和鼓励以及能够提供的帮助和祈祷。

在接下来的两天,当地的朋友们纷纷前来提供帮助。约翰·斯旦泼(John Stapp)来自医院,他给彼得提供了一份午餐,并且为这对夫妇安排了一个当地送餐运动。迈克·希利(Mike Seely)是美国一家银行(PNTB)的一名主管,他向这对夫妇引介了一位医院的社工,这名社工准备教彼得一些如何准备保险、账单和金融援助的小技巧。马丁·塔尔(Martin Tull)和查克·恩塞恩(Chuck Ensign)为了特鲁迪的安全起见,忙前忙后地帮助整理他们的房子,一旦她出院,便可重新入住了。

更多社交和地理上都比较远的熟人,也在用各种方式作出回应。当特鲁迪已逐渐康复的时候,几个电台爵士音乐迷和艾灵论坛的参与者负责把他们喜爱的音乐刻录成光盘,然后寄送给她。

截至2008年的秋天,大约九十个朋友、家庭和机构组织提供了捐赠,这其中包括一些彼得和特鲁迪以前从未谋面的人和一对对他们而言完全是陌生人的夫妇。

超过三十个人——他们大多相距遥远,通过使用 Lotsa Helping Hands 网站从一家当地的熟食店进行预订,为彼得和特鲁迪提供了食品配送。

在这个广泛的社会网络中,人们通过多种多样的媒介如邮件、群组、网站、固定电话以及移动电话来保持沟通和合作。①

正如案例中特鲁迪的遭遇一样,信息传播技术在这种礼物交换中,作为中介/工具的价值而出现,经由信息传播技术,社会行动者实现了社会能量的传

① [美]李·雷尼、巴里·威尔曼:《超越孤独:移动互联网时代的生存之道》,杨伯溆、高崇等译,中国传媒大学出版社,2015年,第3~4页。

递和交换。正如案例中所言："在这个广泛的社会网络中，人们通过多种多样的媒介如邮件、群组、网站、固定电话以及移动电话来保持沟通和合作。"

四、作为生态/环境的信息传播技术、礼物与社会能量的交换

信息传播技术不仅自身可以作为礼物，而且也能够作为礼物/社会能量交换的中介/工具，同时，信息传播技术还可以作为某种环境参与礼物/社会能量的交换。

正如前文所述，礼物不仅可以是实物的，同时在信息传播技术介入背景下，还可以是虚拟的。即在信息传播技术的背景下，社会能量的交换其实也发生了一些变化，出现了一些新的形式，例如网络点赞与评论等。"赞"和"评论"作为一种虚拟礼物，在社会行动者之间交换，意味着社会能量的新的交换形式。

点"赞"这一设计由国外社交网站脸书（Facebook）于 2009 年引入。"点赞"（like）是一种"用户与所关注的东西相联系并给予积极反馈的方式"。点赞作为一个方便的操作，能够向好友传递"我喜欢你的内容""我在关注着你"等信息。通过点赞的方式，既是一种关系的投资，同时也期待对方能够在某个时间给自己留言或点赞。① 正如前述，社会能量是可以传递的。社会行动者能够从社会关系网络感受到社会能量的增强或减弱。基于此，通过点赞和评论，对方能够感知到社会能量的增强。当然，这种社会能量的传播显然应该是双向的，社会能量的交换本质上更多地是一种社会交换。

点赞只需一键式操作，维护成本较低，但仍需耗费社会行动者能量，需

---

① 周懿瑾、魏佳纯：《"点赞"还是"评论"？社交媒体使用行为对个人社会资本的影响》，《新闻大学》，2016 年第 1 期。

信息传播技术与社会能量

要注意的是这种能量耗费指向的社会性。例如,据报道,国外社交平台 In-stagram 从 2019 年 4 月就开始测试隐藏用户的帖子点赞总数。这可能会减少社会比较及其相关的负面影响。这种社会比较带来了年轻人的一种"攀比和绝望"态度,用户经常觉得自己的生活与别人 Instagram 主页上的精彩内容不匹配。由此可见,点赞按钮的设计,能够影响社会关系。用户在跟他人的社会比较中,感受到社会能量的差异,如果自己获赞较多,会感觉自己的社会能量较大,如果自己的获赞比别人少,又会感知到自己的能量较小。因此,给谁点赞,点多少赞,往往指向的是社会性。我们需要关注点赞行为的场域中的社会文化。

通过点赞这种形式,进行一种关系的再确认,使自己成为某种社会关系网络的一部分。当然,这种点赞有时是自愿的,有时则是非自愿的。但无论哪种形式,通过点赞都实现了社会关系的再生产。正如莫斯的《礼物》提及的礼物交换,交换双方看重的并非是礼物的使用价值,而是礼物的象征价值,一种文化层面的意涵。"赞"或者评论,或者刷的礼物,往往成为社会能量的表现形式,在对对方的赞、评论、礼物赠送中,社会能量得到了传输,社会关系得到了再确认。由此可见,"赞"是一种社会表达,是一种社会互动的方式,是对对方信息的一种能量回应,实质上是一种社会交换的形式。

如上所述,"赞"作为某种虚拟礼物,点"赞"便意味着某种社会能量的交换。这种交换有时是即时的,有时则是延时的;有时是自愿的,有时则是非自愿的;有时是有回报的,有时回报则悬而不决;有时是出自真心的,有时则是只是一种蜻蜓点水式礼貌式的反应;有时是合乎规范的,有时则是不合乎规范的。但是无论哪一种,通过点"赞",施为者能够发出社会能量,而接收者则能感受社会能量的变化。

总之,无论是点"赞"这种虚拟形式的礼物交换,还是正如上述的信息传播技术自身作为礼物的社会能量交换,抑或是信息传播技术作为中介/工具的社会能量交换,作为社会能量交换,本质上是一种社会交换,同样得遵循社会交换的规则,合乎社会交换的伦理。

五、信息传播技术、礼物与社会能量的交换伦理

正如上述,社会能量交换是社会交换,这便意味着社会能量交换与经济交换不同。交换就是转让某一事物以便获得另一个事物。这未必涉及一人以上,交换可以在一个社会行动者和环境之间发生。交换双方愿意为了互惠而互通有无,这种交换可以使双方受益。而经济交换则需要对彼此双方的回报和成本进行精确的说明。相对于经济交换,社会交换是更为灵活的,很少涉及明确的讨价还价。①

一方给予资源,一方获取资源,这是社会交换建立的基础。由此可知,交换涉及的是资源。资源理论(Resource Theory)是 E. 福阿(E. Foa)和 U. 福阿(U. Foa)提出的一种交换理论。② 这些资源在具体程度和个性化程度上各不相同。一些资源比其他资源更有形可见。作为能量资源的爱、地位、服务、货物、信息和金钱可以礼物的名义参与到社会能量交换中。

礼物,无论以何种资源形式,无论以何种表现形式,或实物,或虚拟,都是社会交换的一种资源。礼物已然作为一种仪式、一种文化,这种礼物的流动扮演着交际的功能。因此,礼物流动既是交际的需要,同时也是交际的动力。人是环境的动物,本质上是一个社会存在物。因此,人不可避免地会受到来自环境的影响。例如,在社会交换中,作为恋爱中的乙方,将一份特殊

---

① ［美］莱斯莉・A.巴克斯特、唐・O.布雷恩韦特:《人际传播:多元视角之下》,殷晓蓉等译,上海译文出版社,2010 年,第494 页。

② ［英］迈克尔・E.罗洛夫:《人际传播社会交换论》,王江龙译,上海译文出版社,1997 年,第15 页。

的礼物——信物送给对方,那么他是想传递向对方展示爱意或寻求建立一份稳定的恋爱关系的交际信息。

在物质生活较为匮乏的时代,礼物作为交换的价值更为突出和明显,马林诺夫斯基更是把这种互惠原则当作礼物流动背后的力量。当然,这种交换的价值并没有随着社会的发展而消失,而仍然在现今的礼物流动中或隐或现,礼物从作为原先互通有无的交换价值,向现在的更多具有交际性符号价值的转变,也正是这种交换与交际价值的共存与转型,部分造成了礼物流动中的期待与实物、文本与解读中的冲突现象,造成了礼物流动中的道德困境。

正如上述,在信息传播技术的介入下,作为社会能量交换的礼物交换出现了一些新的变化,但仍然需要遵循社会交换的伦理。"交换"通常被认为是甲方将某物转移给乙方,以换取乙方之物。其产生于双方对对方之物的需求。这种对"交换"的素朴理解虽简单却也贴合其本意。作为交换的礼物同时兼具实体的互通有无和"礼节"的互换。一方给予,一方也会回报。在这种给予与回报的过程中,双方都有所得。这种意义上的礼物,除了是以物质的形式满足双方的功能性需求之外,还"是为了相互致以和报以'尊敬'——正如我们如今所谓的'礼节'"①。例如,就点"赞"而言,互相浏览和点"赞"被默认为应该被遵循的社会交往规则。不过,有一种情况需要注意,即并非出自真心的点赞,往往涉及伦理的问题,是否是一种虚假礼貌呢?

按照通常的理解,礼貌表示对人的恭敬和顺的仪容。《孟子·告子下》:"迎之致敬以有礼,则就之;礼貌衰,则去之。"赵岐注:"礼者,接之以礼也。貌者,颜色和顺,有乐贤之容"。从这种对礼貌的诠释看来,中国传统文化中

---

① [法]马塞尔·莫斯:《礼物:古式社会中交换的形式与理由》,汲喆译,上海世纪出版集团,2005 年,第 81 页。

的礼貌与"礼"是同一的。这就是说,中国人的礼貌更多的是作为一种制度
和社会行为规范,居于伦理的框架之中。① 这说明作为伦理规范的礼貌和作
为交际策略的礼貌拥有表层的相似——彬彬有礼的言行与合作的姿态。表
层的相似并不能遮蔽本质的差别:伦理范畴中的礼貌强调"形质合一",其根
本精神在于行使礼貌时首先应当接受真诚和道德的审判,但作为一种交际
策略的礼貌并不以真诚和道德为衡量标准,"在很多场合,礼貌就是在一定
程度上掩饰说话人的真诚,或者说使原本真诚的话语在道出时不是显得那
么不愉快","礼貌与道德虽然不一定相冲突,但也不一定不冲突"。至此,可
以对"虚假礼貌"做一界定,我们将仅作为片面的交际策略而不考虑真诚与
道德的礼貌视作虚假礼貌,它是表面上的礼貌,实质上的不礼貌。应当承认
礼貌作为一种交际策略具有一定的社会功用。②

　　第一,作为一种自保的策略——价值取向的虚假礼貌。齐格蒙·鲍曼
曾谈到了他对现代社会中所谓的礼貌的不满。认为礼貌是一项"激烈反对
源于内在激情的心灵和身体的活动,它指示一个人应该隐瞒什么,什么是一
个人不应该谈论的,什么是一个人应觉羞耻的"。从网络交往的角度来看,
我们认为这一对礼貌的阐释十分生动地刻画出当前网络真实的交往状态,
在网络的舞台上,人人都是带着"面具"的,礼貌仅在形式上徒留了一个躯
壳。③ 例如,我们前述的针对并非出自真心的点"赞"等现象便反映出一种追
求自保的策略。朋友圈的"朋友"各种"晒",晒饮食、晒旅行、晒感情等不一
而足,对于社会行动者而言,自己可能并不感兴趣甚至说有些反感,但是迫
于维系朋友关系的压力,也许会给其点"赞",这种交换往往并非出自真心。

---

　　① 《辞海》,上海辞书出版社,1999 年,第 4486 页。
　　② 曲卫国、陈流芳:《论传统的中国礼貌原则》,《学术月刊》,1999 年第 7 期。
　　③ [英]齐格蒙·鲍曼:《生活在碎片之中——论后现代道德》,郁建兴等译,学林出版社,2002
年,第 55 页。

第二,作为一种逢迎的策略——目的取向的虚假礼貌。我们前述提及需要注意社会能量交换的社会性,其中一个重要方面便是礼物交换的场域权力结构。例如,在工作群中,有的社会行动者可能会出于一种逢迎的粗略,对于领导的发言及时地点"赞"。

第三,作为一种逃避的策略——情感取向的"虚假礼貌"。他们没有明确的理性或非理性的动机和目的,只是在情感上疏于沟通,对于社会行动者而言,其往往不想或者不愿过深地交往,例如,在网络交往中,往往以"是的""呵呵"或者一个无关痛痒的图片,这些便传递出社会行动者蜻蜓点水式的逃避策略。

道德并非宏大叙事,而是一个在现实生活中人人都无法逃避的命题。戈夫曼认为,任何一种情境定义都具有明显的道德特征。[1] 如此,对处在某个特定表演情境中的社会行动者而言,其便具有了双重道德要求或者困境。其一,便是在这种交往表演情境中要对他人进行积极地符合"他人期待的方式"进行回应,否则,他便会面临一种道德的困境;其二,他可能也做出了回应,但基于许多内外部的原因,如成本等,就其自身而言,这些因素使其可能会采取某种给自己造成道德困境的回应方式,即并非完全按照交往对方期待的或双方关系性质期待的方式行事。如前所述,这种没有或没有完全按照他人期待或双方关系期待的方式进行礼物的流动,一方面反映了礼物流动的交换、交际的本质属性,另一方面也反映了这种礼物流动中的道德困境。[2]

显然,作为礼物交换伦理的礼貌应该是形质合一的,但是我们从这种在信息传播技术介入下的虚拟交换实践中,看到的往往是形质分离的虚假礼貌现象。这是值得我们深思的。

---

① [美]欧文·戈夫曼:《日常生活中的自我呈现》,冯钢译,北京大学出版社,2008年,第10页。

② 高崇:《超越血缘:礼村冲突沟通中的"怕"》,中国农业大学出版社,2016年,第94～96页。

第九章 信息传播技术、劳动与社会能量的转化

社会能量也遵循能量守恒定律。例如,支付宝中在"蚂蚁森林"小游戏中设定了能量规则。支付宝为此设定了能量吸收的许多场景以及相对应的能量值,例如,在行走场景,步行越多,能量越多;在线下支付场景,使用支付宝线下支付,即可获得绿色能量;此外,地铁购票、绿色外卖等场景下,也可以获得能量。按照前述,这其实是社会能量的转化,即由上述场景下的其他能量形式转化为游戏场景中的能量形式。再如,在文学作品《能量是怎样产生的》中,陆超提到,"这就说明,运动起来后,火车的能量是巨大的。人也是如此,光说不做,有什么能量? 只有脚踏实地干了,只有运动起来了,才会产生比较大的能量啊……"[①]此处所谓的"产生比较大的能量",其实也是指的是能量的转化。即火车由机械能转化为动能。对于人的社会能量而言,也是如此。

就人的社会能量的转化而言,往往包含两个方面。一方面是不同形式

---

① 张有军:《能量是怎样产生的》,豆丁网,https://www.docin.com/p-2692545061.html。

的能量内部的转化,例如,心理能量的转化体现为情绪变化,表现为一种情绪可以转变成另外一种,而情绪中的心理能量保持不变。[①] 另一方面,是不同能量形式之间的转化。例如,社会生理能量转化为社会关系能量;社会心理能量转化为社会关系能量,如心理阳光的人容易获得好人缘,获得社会关系能量等。

赫拉克利特曾言:"我们身上的生和死、醒和梦、少和老始终是同一的。前者转化,就成为后者;后者转化,就成为前者。""冷的变热,热的变冷,湿的变干,干的变湿。"[②]在此,赫拉克利特实际上指出了社会能量的转化现象。根据布迪厄的说法,表面上的浪费,比如慷慨的馈赠或铺张的款待,其实是一种手段,借以将经济资本转换为政治、社会、文化或"符号"资本。眼下的开销是为了日后获得不那么可见的利益,不妨视为一种投资。[③] 在此,学者们准确指出了能量的转化现象。

表9　信息传播技术、劳动与社会能量的转化框架

		社会能量的转化		
信息传播技术	信息传播技术作为劳动中介		数字劳动	劳动
	信息传播技术作为劳动的平台			
	信息传播技术作为劳动的手段			
	信息传播技术作为劳动主体			

本章,我们将主要从社会能量视角来看,劳动乃是社会能量的转化现

---

① 《心理能量:固着,释放与转化》,豆瓣网,https://www.douban.com/note/153303209/。

② 北京大学哲学系外国哲学史教研室:《西方哲学原著选读》(上册),商务印书馆,2002年,第22页。

③ [英]彼得·伯克:《历史学与社会理论》,李康译,上海人民出版社,2019年,第115页。

象,在信息传播技术介入下,这种社会能量的转化所发生的一些新的变化。我们可以将信息传播技术视为劳动的中介、劳动的平台、劳动的手段、劳动的主体。如表 9 所示。

一、信息传播技术作为劳动的中介与社会能量的转化

（一）理解"劳动"与社会能量

我们从"劳动"的英文词源①中可以看到,"劳动"本身便包含着社会能量的释放,以及伴随着社会能量的释放所带来的痛苦和喜悦等情感。劳动本质上可以视为社会能量的释放和转化,社会能量在释放中得到了转化。例如,妇孺皆知的古诗《悯农》中,诗人便朴素地提到劳动中社会能量的转化现象,从人的社会生理能量的释放,到食品等转化结果的出现。

（二）信息传播技术作为劳动中介与社会能量的转化

孔子"四体不勤,五谷不分"指的便是不识稼穑,不事劳动的状态。在劳动过程中,社会行动者能感受到能量的释放,根据前述,能量的释放会使社会行动者有酣畅淋漓之感。因为在劳动中,社会行动者实现了能量的转换,尤其是在农业劳动中,社会行动者期待将自己的能量转化为丰收的成果,自然伴随着喜悦和期待。但是在强迫劳动或者惩罚性劳动中,社会行动者往往在能量不足时被迫释放自身能量,带来的更多的是身体的被伤害,以及情感的创伤。

当然,劳动并不都是与"痛苦"相连的。这便涉及劳动中能量的转换。例如,在公益劳动中,虽然劳动者付出了体力和精力,付出了能量,但是通过

---

①　[英]雷蒙·威廉斯:《关键词:文化与社会的词汇》,刘建基译,生活·读书·新知三联书店,2005 年,第 256 页。

信息传播技术与社会能量

这种利他主义的行为,劳动者收获了社会美誉度等回报。因此,我们对劳动的区分,一种是强迫性的劳动,包括被迫的体力劳动。这又包括强迫性的和基于合同规范驱动的两种。另一种是自愿/志愿的劳动、公益性的劳动。通过志愿劳动,付出了社会生理能量和社会心理能量,但是同时也收获社会关系能量及社会心理能量等。无论是强迫性的劳动还是志愿性劳动,信息传播技术在此都可以作为劳动的中介。例如,在案例《新生代:科普服务云中人》中,一位来自湖北武汉的互联网创业者 YHJ 发起了一项"谣言粉碎机"的科普公益活动。当时,伴随着新冠肺炎疫情,各种谣言和伪科学漫天飞,YHJ 决定用科学知识和权威信息引导人们科学认识和应对疫情。从 2020 年 1 月开始,YHJ 邀请志同道合的朋友加入,建立了一个"谣言粉碎机"微信群,从第一篇文章开始,YHJ 陆续将制作的文章发到朋友圈,让他没有想到的是,两天之内,文章的阅读量便突破了百万。随后,他们建立了一个"抗击新型冠状病毒"小组。随着越来越多的文章被转发、阅读,有越来越多的人加入志愿小组中,伴随着志愿队伍规模的扩大,整个志愿团队又被分成了项目组、技术组、辟谣组等 10 多个小组,在全国多地建立了分部,进而吸引了世界各地的志愿者加入队伍中来。[①]

从这个志愿劳动案例中,我们可以看到,YHJ 利用自身作为产品经理的工作经历,利用信息传播技术,将其作为中介,投身防疫科普工作中,付出了相当的社会生理能量、社会心理能量和社会关系能量,同时自身及同伴们的能力经过志愿劳动,也转化为自身的社会能量的一部分,扩展了自身的社会关系网络。

---

① 范昊天:《新生代:科普服务云中人》,中国文明网,http://www. wenming. cn/specials/zyq2020/dyx/202005/t20200501_5556990. shtml。

二、信息传播技术作为劳动的平台与社会能量的转化

信息传播技术不仅可以作为劳动的中介,同时也可以作为劳动的平台。社会行动者基于这种数字平台,实现社会能量的转化。尤其是在 2020 疫情防控期间,为了尽可能地避免线下的面对面接触,在线教育成为特殊时期的替代选择。正如一位同学在自述中所举的例子。

案例:在抗疫的无声战争中架起"壹张书桌"

在这次抗击新冠肺炎疫情的战役中,有这样一个特殊的小群体,由一群来自全国各地的青年学生组成。这个团体有一个好听的名字——"壹张书桌"——我想大概意味与战火纷飞的年代,仍有一批心怀报国志的青年们用搭起书桌的方式支持抗战有所相似。

"我在湖北,希望书桌旁有你"——3 月 1 日,这句温暖但富有力量、承载希望的话投向全国各地,"壹桌计划"正式启动——这是由国内外大学生联合发起的疫情期间在线辅导公益项目,组织高校学生为受疫情影响的学生提供免费的课业辅导,服务对象以湖北学生为主,也为其他地区的援鄂工作人员家庭提供支持。该项目将通过线上平台及相关资源,搭建一张无距离的线上书桌,为受疫情影响的中小学家庭对接大学生志愿者,通过个性化的一对一辅导,缓解他们的学业压力。

在发出志愿者邀请后的短短 24 小时之内,7 位发起者从未预想到可以收到来自全国各地众多志愿者投递的"赴约之书"。在第一批志愿者的成功实践后,经过几番宣传,认真地辅导功课,该项目团队不断壮大,这其中的每一个成员,都有信心和足够的热情去搭建看不见的信息波上那一方安静的书桌,连接爱与温暖。

信息传播技术与社会能量

　　这张小小的书桌背后是 2561 位志愿者时刻待命——是来自北大、清华、人大等 60 余所高校的学生们，每个人都希望把所有的经验、积累、思考倾囊相授。这史无前例的云端书桌的搭建和维持，也离不开运营、人力、技术、行政、公关、需求评估 6 大顶梁柱的持续努力。作为"壹张书桌"队伍中的其中一员，我们坚守，学海无涯，我们同舟共济，也许我们相隔万里，但我会陪在你的书桌旁。

　　很幸运，我也是赴约中的一员。因疫情无奈在家隔离的我，看到新闻，无数逆行的英雄鼓舞着我——与此同时，我在朋友圈无意间看到了这项计划的推送。同时怀着很激动和热切的心情，我小心翼翼地投出了一份并不完美但充满真诚的简历，心想"这张特殊的书桌旁，会有我吗？"

　　经过核对信息、两次面试、与助教沟通和小朋友的对接之后，我顺利并且心生自豪地成为第一批志愿者，对接了武汉的一名高三学生，今年即将面临高考，又因为我辅导的科目分别是数学、地理和历史，心里倍感压力——因此我每次在上网课之余都认真备课，按时尽心讲课，得到了这位同学和家长的认可和赞同，经过几个月的坚持与陪伴，我渐渐忘却了这是一个任务，反而与这位素未谋面的小伙伴建立了深厚的友谊。现如今，我已经成为坚持最久的志愿者中的一员，我相信我会继续坚持，直至高考结束，希望我们都可以不辜负时光，美好也会如约而至。

　　最后，我们很高兴，也很激动，我们的努力受到了很多关注——"壹张书桌"计划被新华社报道，录制的视频也在央视晚间新闻播出。这些无疑都是对我们的认可和支持，使我们更加坚信每个人都贡献自己的一份微薄的青春力量，便可成就国家的伟大希望。

　　很高兴，现在我们又可以重新看到，武汉的樱花迎春绽放，汉江水面被落日余晖映得波光粼粼，黄鹤楼的装饰灯再次被点亮，我们心中始终留有的这份热情和温暖会持续传递。[①]

正如这位同学在文章中提及的,在这份志愿劳动(对他而言,这本不是被强加的义务劳动)中,他付出辛勤努力的汗水,在自己上网课之余认真备课,按时尽心讲课,当然,这种生理能量和社会心理能量的付出,也收获了文中高三同学和家长的认可和赞同,同时,通过这份志愿劳动的方式,他们的这种行为也得到了更多关注,例如被新华社报道,录制的视频也在央视晚间新闻播出。这些都可以说是这位同学付出劳动后自身社会能量的转化成果。

三、信息传播技术作为劳动的手段与社会能量的转化

(一)信息传播技术与数字劳动

在信息传播技术影响下,出现"数字劳动"这种新的劳动现象。数字劳动包括数字物质劳动和非物质劳动。在信息社会飞速发展的背景下,意大利学者毛里奇奥·拉扎拉托(Maurizio Lazzarato)提出信息时代的劳动不仅包含物质劳动,同时还包括了"生产商品的信息和文化内容的劳动",即"非物质劳动"。[②] 迈克尔·哈特和安东尼奥·奈格里同样关注到这种新型的劳动形态,并将其定义为"生产非物质成果的劳动,比如知识、文化产品、通讯或者服务"[③]。之后,奈格里又进一步提出非物质劳动包括两种类型:一种主要是涉及解决问题、分析问题和语言表达方面的智力或语言劳动,这种类型

---

① 刘替冰:《在抗疫的无声战争中架起"壹张书桌"》,课程作业,北京邮电大学,2020 年。

② 陈甜甜:《新媒体语境下游戏从业者的非物质劳动研究》,北京邮电大学硕士研究生学位论文,2018 年。

③ [美]安东尼奥·奈格里、迈克尔·哈特:《帝国——全球化的政治秩序》,杨建国、范一亭译,江苏人民出版社,2003 年,第 23 页。

的非物质劳动产生诸如文本、符号、形象、想法之类的产品;另一种是涉及操纵或生产诸如轻松、满足、激动、兴奋之类情感或精神的情感劳动。[1]

数字劳动,虽然是一种基于信息传播技术的新的形式,但是本质上仍然是一种劳动,具有劳动的特征。数字劳动本质上仍然是一种社会能量的转化。在数字劳动中,社会行动者的生理能量和心理能量等进行和完成了转换。游戏公司给我们提供了一个观察数字劳动的很好场景。数字劳动的一个特点便是较为弹性的用人和工作制度。首先,这种"弹性"表现在用人制度上,很多小型游戏公司往往是根据项目规模和需求来用人,一个项目完成后,成员转入到新的团队中去,这种用人制度表现出了从业人员内部岗位的流动性。当然,这也使得从业人员时刻处在一种不稳定状态下,在这种制度下,大量的实习生便充当着廉价劳动力。其次,这种"弹性"表现在时间安排上。在这种制度安排下,员工无须定时打卡坐班,但是这种看似时间自由的背后,往往却隐藏着一个事实,即劳动者无规律的工作时间以及可能需要随时待命的工作状态,这被有的研究者视为某种隐形的压迫。此外,弹性工作时间导致工作与娱乐的界限变得模糊了。业外人士可能会觉得一边玩游戏一边可以赚钱,这种形式很好,但是对于从业者而言,却是另外一番景象,因为作为从业者无法像真正的玩家一样的心态去享受游戏的乐趣。对他而言,玩游戏是一种工作,因此玩游戏的消遣性便大为降低了。[2]

在劳动与工作过程中,及时性、分散化、非标准化以及非正式性是这些数字劳动的另一鲜明特点。以家政服务业的钟点工、餐饮业的小自雇佣者、网约车司机、外卖快递骑手、自由职业者为例,他们并不具有传统意义上的稳定集中的工作场所,也没有严格意义上的工作日与休息日,更多是围绕即

---

①② 陈甜甜:《新媒体语境下游戏从业者的非物质劳动研究》,北京邮电大学硕士研究生学位论文,2018 年。

时的市场需求而应急性地为订单而工作。零工经济通常指的是借助互联网和移动信息技术从事即时供需匹配服务的经济业态，例如互联网家政、即时送餐、网络约车等。据媒体报道，目前我国快递从业人员已超过300万，7成月收入在5000元以下。① 此外，正如前述，人工智能训练师是一种新的职业，而且相对更为灵活。据统计，目前已经有超过2000人在百度（山西）AI数据产业基地就业。②

（二）数字劳动与社会能量的转化

虽然非物质劳动获得了一定的弹性生产的自由，然而却让这些劳动者受到了某种隐形的压迫。例如，阿维莱斯（José Alberto García - Avilés）等学者发现，新闻编辑室在运用数字化系统后，其组织结构被重组，新闻工作者的工作内容也发生了变化，在这种变化中，记者通过数字技术获得了对生产过程的控制，但是伴随而来的便是要承担更多的责任，同时为了适应角色的变化，他们还需要不断学习各种新技术。③ 在上述分析中，我们可以看到，在这种数字劳动中，社会行动者享受着信息传播技术所带来的技术便利等福利，但是在这种日益紧密的使用中，却日益受到技术的"压迫"，在面对处理常规劳动工作的同时，还得分出一部分能量处理技术学习、应用等工作。

尤其是对于网约车司机而言，更是须臾离不开手机，手机已经成为这些网约车司机的劳动工具。正如有学者所言，移动设备作为工具理应被人所控制受人支配，但随着工具的触角遍布工作生活，人对工具的依赖性激增，人发展成被控制的对象，与工具相异化。此外，人耗费脑力和体力劳动所创

---

① 《快递员真实情况！全国突破300万人：月收入过万仅占0.73%》，快科技网，https://news.mydrivers.com/1/665/665720.htm。

② 《百度宣布未来五年在山西提供5万名数据标注师岗位》，百度网，https://mbd.baidu.com/newspage/data/landingshare?pageType=1&isBdboxFrom=1&context=%7B%22nid%22%3A%22news_8951081301976991359%22%2C%22sourceFrom%22%3A%22bjh%22%7D。

③ ［加拿大］凯瑟琳·麦克切尔、文森特·莫斯可：《信息社会的知识劳工》，曹晋等译，译文出版社，2014年，第152～169页。

造出来的劳动产品最终被资本家所占有,生产得越多失去的就越多,也就越贫困,劳动产品处在了劳动者的对立面,人与自己生产的劳动产品成为异己关系。[①] 作为社会能量转化的数字劳动,仍然存在"异化"现象。

此外,随着信息传播技术的渗透,智能移动设备日益普及,人们越来越多地践行弹性工作时间,劳动越来越从工作领域向生活休闲领域渗透,工作和家庭生活的界限变得并非十分鲜明。劳动和休闲的界限在模糊。如此,社会行动者能量的消耗和转化便会越来越频繁,社会能量转化的场景也在扩大。在家办公常常会被认为是一项"特殊福利",但一份新报告显示,这会带来更大的压力等不利影响。

四、信息传播技术作为劳动的主体与社会能量的转化

据报道,大批机器人成为武钢"新员工"。使用机器人代替人工操作可以提高安全性,并从源头消除安全生产事故的风险。在武钢的生产中,已经有30台机器人投入使用,它们取代了那些从事高风险工作的人,不仅提高了安全水平和生产效率,而且还减少了风险。[②] 在上述案例中,我们可以看到机器人这种新兴信息传播技术产品作为劳动力从事劳动,部分替代了人力作为劳动的主体。这是一种值得我们继续关注的新的社会能量转化现象。

如上,我们分别从信息传播技术作为劳动中介、平台、手段以及主体等层面分析了信息传播技术对作为社会能量转化的劳动的影响。同时需要我们注意到,这种影响的后果是会产生社会分层的,如所谓的"穷忙族"。也就

---

① 刘璐璐:《数字经济时代的数字劳动与数据资本化——以马克思的资本逻辑为线索》,《东北大学学报(社会科学版)》,2019年第4期。

② 齐翔、张伟、吴志鹏、周刚:《大批机器人成武钢"新员工"》,百度网,https://mbd.baidu.com/newspage/data/landingshare? pageType = 1&isBdboxFrom = 1&context = % 7B" nid "% 3A" news _ 9569756965827140320" %2C" sourceFrom" %3A" bjh" %7D。

是说,对于所谓的"穷忙族"而言,虽然每日辛勤劳动,但是并没有成功地将这种社会能量转化为社会势能,并不能提升自己的社会阶层,尤其是在信息传播技术介入下,劳动日益对休闲场景的侵入,这种劳动异化的现象愈发值得我们进一步关注。

第四编　社会能量的管理

结语　信息传播技术、规范与社会能量的管理

能量是环境系统的动力,是一切生命活动的基础。一切生命活动都伴随着能量的变化。因此,社会能量是社会环境系统的动力,是一切社会活动的基础,一切社会活动都伴随着社会能量的变化。对于电动车的用户而言,他们最关心的往往是"电量",即电池能量问题。电量焦虑,也涉及能量管理。就社会能量而言,也同样涉及能量的管理问题。

正如前述,社会行动者的能量虽有差异,但总体而言都是保持能量守恒的。无论是能量的过度宣泄,还是能量的损耗,对社会行动者而言,都是有弊端的。此外,能量的管理还涉及能量的最优化利用的问题,即如何将社会行动者每天的能量导向最优的使用路径,这也是需要去面对的能量管理命题。尤其是在社会时间加速背景下,社会能量的管理更显必要性。这是从社会行动者层面而言的,如果从社会整体角度来看,社会能量也需要给予管理。当然,对此可能有不同的观点。

正如前述,社会能量是能"源"和能"力"的一体两面。因此,在本部分,笔者将从作为能"源"的能量和作为能"力"的能量两个层面以及个体自我和

他人管理去探讨能量的管理话题。

表 10　信息传播技术与社会能量的管理

		社会能量的管理	
		自我管理	他人管理
能量	能"源"		
	能"力"		
		作为生态/环境的信息传播技术	
		作为工具的信息传播技术	
		信息传播技术	

一、信息传播技术、规范与社会能量的个人管理

（一）信息传播技术、规范与对社会能量资源的管理

1. 作为工具的信息传播技术、规范与对社会能量资源的管理

正如前述,信息传播技术日益模糊了工作和生活的界限,越发需要社会行动者对能量进行规范管理。例如,柳比切夫(Lyubichev)是一位苏联科学家,他从 26 岁起,一直记录了自己 56 年来的工作和生活,而这一习惯据说不曾被打断过,无论是出差,还是战争,抑或是亲人离世,他都始终保持着这一习惯。可以说,他用这种方式,彻底驯服了时间,一生著作等身。因此,柳比切夫可谓是一个"时间控",通过记录时间的秩序感来管理自己的人生。如下图所示,

> "乌里扬诺夫斯克。一九六四年四月七日。分类昆虫学(画两张无名袋蛾的图)——三小时十五分。鉴定袋蛾——二十分(1.0)。
>
> 　　附加工作:给斯拉瓦写信——二小时四十五分(0.5)。
>
> 　　社会工作:植物保护小组开会——二小时二十五分。
>
> 　　休息:给伊戈尔写信——十分;《乌里扬诺夫斯克真理报》——十分;列夫·托尔斯泰的《塞瓦斯托波尔故事》——一小时二十五分。
>
> ───────────────────
>
> 　　基本工作合计——六小时二十分。"
>
> "乌里扬诺夫斯克。一九六四年四月八日。分类昆虫学:鉴定袋蛾,结束——二小时二十分。开始写关于袋蛾的报告——一小时五分(1.0)。
>
> 　　附加工作:给达维陀娃和布里亚赫尔写信,六页——三小时二十分(0.5)。
>
> 　　路途往返——0.5。
>
> 　　休息——剃胡子。《乌里扬诺夫斯克真理报》——十五分,《消息报》——十分,《文学报》——二十分;阿·托尔斯泰的《吸血鬼》,六十六页——一小时三十分。听里姆斯基-柯萨科夫的《沙皇的未婚妻》。
>
> ───────────────────
>
> 　　基本工作合计——六小时四十五分。"

图3　柳比切夫的时间管理

但是需要注意的是,柳比切夫能够成功做到这一点,并不是因为"996式"的工作时间安排,他旨在通过"向后看"的时间统计以更有效地重塑生活秩序。① 对于时间管理,人工智能技术能够帮助社会行动者更好地进行时间管理。正如自述者所言:"说起利用人工智能技术来更好地管理自己的生活,我认为首先是时间管理,在时间管理方面我们可以用它来自动记录我们

──────────

① 《如何高效度过一生? 56年来,他每天记录自己的24小时,精确到分秒》,百度网,https://mbd. baidu. com/newspage/data/landingshare? pageType = 1&isBdboxFrom = 1&context = % 7B" nid" % 3A" news_10172197348517328010" % 2C" sourceFrom" % 3A" bjh" % 7D。

每天的时间分配也可以来提醒我们,让我们更加清楚地知道自己每天的时间分配。"①就像上述文章中所指出的,时间规划不仅是向前看,其实更重要的是向后看,不断调整优化自己的能量,以更合理高效地利用自己的能量。需要注意的是,社会行动者是管理能量,而不仅仅是管理时间。或者说相对于管理时间而言,更应管理能量。

2. 作为生态/环境的信息传播技术、规范与对社会能量资源的管理

信息传播技术日益渗入日常社会生活中,正如前章所述,对信息传播技术的依赖越来越消耗社会行动者的社会能量,信息传播技术作为环境,越来越成为社会行动者生活的一部分,因此信息传播技术也需要规范,规范的缺少,能量管理失序,容易导致生活的紊乱,正像有的社会行动者所分享的,如果自身做不好能量的管理,那么便会时刻被信息传播技术应用所干扰。比如,我们在网络购物时可能都会有类似的经历,即当你本想购买某个产品时,平台根据你之前的浏览记录推测你可能的喜好,进而给你推送了另外的产品的信息,在这种情况下,你可能会点开查看,也许便会做出购买被推荐的产品的行为。这种现象其实是一种消费自由的丧失。② 当然,对此需要辩证来看,在信息传播技术成为环境的数字社会中,如果个体能够对自身有着明确的能量管理意识,那么信息传播技术反而不是干扰,则会成为高效生活的增强剂。例如如下案例所示。

案例:"AI 依赖"的一天

在我的生活中处处充满着人工智能的影子,可能由于习惯的使用它们而不曾察觉,但是仔细想想一天的生活就能够发现自己对于人工

---

① 王春欢:《利用人工智能进行自我管理》,课程作业,北京邮电大学,2020 年。
② 刘璐璐:《数字经济时代的数字劳动与数据资本化——以马克思的资本逻辑为线索》,《东北大学学报(社会科学版)》,2019 年第 4 期。

智能的依赖。

清晨，智能手机的闹钟将我唤醒，并且自动弹出我前些天制作的备忘录，提醒着我今天需要提交的实验报告或是论文。这个习惯是来自自己的健忘，导致我之前在作业的最后期限过了之后才发现自己忘记了这项任务。而智能手机上的备忘录提醒服务帮我解决了这一难题。

吃早饭时，我翻看着手机上的热点新闻，因为自己平时喜欢看一些关于 NBA 方面的赛事情况，因此网站自动向我推荐了最近几天的篮球新闻以及比赛的视频片段，我很喜欢网页向我推荐的这些内容，就如同是十分了解我的兴趣爱好的管家。这些推荐的内容都是基于我之前的浏览记录甚至于较多人的大数据浏览情况，从而让我能够直接在 App 中看到想要关注的内容。

上午，当我拨打电话时，发现自己的手机因为欠费而被停机了。因此我拨通了 10086 的号码，回应我的正是智能语音客服，在它的引导下我完成了手机的充值，并且收到了关于自己的手机费用使用情况的短信。

完成了自己今天的作业任务后，我对手机说："嗨，SIRI。"呼叫出手机的智能管家，并让它打开播放音乐的软件，播放出自己喜欢的音乐菜单中的歌曲。而且我最近喜欢上了网络歌姬演唱的歌曲，其中以初音未来和洛天依为主，虚拟的存在和特殊的演唱发音让她们成为歌坛的特殊存在。

下午，需要出门去买一些零食和饮料带回家，于是来到了小区外刚刚设立的一个无人超市试营业点，打开手机的微信进行扫码后，超市的门自动打开，挑选了一些商品放进自己的包里，来到门口的结算区域扫一下二维码，用指纹完成支付后，超市的门再次打开，快捷地完成了购物。

晚上,躺在床上无所事事,于是打开了手机的抖音视频,于是我平时喜欢的视频类型以及热度较高的视频便源源不断地出现。随后我又通过淘宝购物软件浏览了它依据我喜欢的商品以及浏览记录而推荐的各类商品。

在一天里,我不自觉地使用了各种各样的人工智能应用,想象一下没有它们我的生活会变成什么样。发现我可能会因为没有备忘录的提醒而错过作业提交,缺少智能语音的客服而等待较为低效的人工服务,在没有手机智能管家的情况下无法快速简洁地命令手机,自然也没有了欣赏网络歌姬创造的歌曲的机会。除此之外,我也会在超市买完东西后等待着收银员进行结账而大排长龙,并且使用纸币和硬币,既不方便也不卫生。当我浏览热点新闻、观看搞笑视频、挑选网络商品时,缺少了智能的推荐系统,我可能会因为花费了大量时间却得不到自己想要的结果而减少使用相应软件的兴趣。

人工智能已经融入了我们的生活,我们不可避免地对它产生了依赖,对此,我觉得这些依赖都是适当的使用,人工智能为我们的生活提供了更为简单方便的应用。①

如上述案例所述,人工智能已经融入了我们的生活,在这位自述者一天的生活中,信息传播技术起到了叫醒、新闻速递、听歌、娱乐、购物等功能,不仅优化了社会行动者的社会能量,在合适的时间和能量状态做最需要做的事情,同时也帮助社会行动者能够从社会能量的消耗状态中更好地恢复。

(二)信息传播技术、规范与对社会能量能"力"的管理

如前所述,能量既是作为能量资源的能"源",同时也是能"力"。作为动

---

① 计茗峻:《"AI 依赖"的一天》,课程作业,北京邮电大学,2020 年。

态的能量——能"力"亦需要相应地规范管理。例如，无论是社会生理能量，还是社会心理能量，都无法长期透支，否则会导致能量枯竭，从而影响身体健康。社会心理能量的管理涉及情绪情感的管理。多愁善感往往容易使社会行动者体验到心理能量的亏损，这也体现出了心理能量的社会性。对于心理能量的管理也具有社会性。

例如，我们可以将"笑"视为能量的释放，亦可以将"哭"视为能量的释放。在社会中，有一种以"哭"为职业的生计，这其实可以将其视为社会能量的个体管理。据媒体报道，42 岁的金桂花（化名）是成都人，她是一名职业哭丧人。因为经常替人家哭丧，长需要号啕大哭。这导致金桂花的声音已经明显沙哑了。一场哭活下来，她得到的回报是 120 元。她认为，哭也是一门技术活，哭丧人只有带入真情实感，才会更有感染力。金桂花一天最多只接一场活，否则的话，如果长期沉浸在悲伤哀乐中，身体受不了，必须得学会控制自己的情绪。① 从哭丧人在丧事上的"表演"来看，以哭为生，哭这种情感能量的宣泄反而成为职业②，哭丧显然属于一种情绪劳动，这种劳动的实质是工作人员在工作中面对服务对象时，能够对与工作相关的情绪进行有效管理。因此，这种对情绪的管理，也往往意味着履职时的情绪状态和其自身的真实体会之间可能会出现不一致。也就是说，履职时的情绪状态可能是履职者仅仅根据所承担的角色的需要而表现出来的。③

再如，当运动员说出"要振作精神，又不能太紧张时"，就是表示他们要寻找一种适合于目前情境的心理能量水平。④ 这其实，也是我们此处所谓的

---

①② 朱建国、张元玲：《职业哭丧人从业 19 年 烟熏火燎长期流泪差点哭瞎双眼》，四川在线，https://sichuan. scol. com. cn/cddt/201604/54431278_3. html。

③ 王大安、谢智伟：《公共管理领域中情绪劳动研究的发展现状：基于文献计量的综述与建议》，《公共管理与政策评论》，2020 年第 3 期。

④ 凤帅临：《体育运动中的心理能量与控制》，《安徽体育科技》，2000 年第 4 期。

能量管理问题。

此外,在媒介化社会中,社会行动者是对由媒介所构建的信息环境或者拟态环境做出反应,而正如前述,这种拟态环境并不是现实环境的镜像反映,是经过过滤的,经过修饰的,因此在这种背景下,社会行动者对于媒介的报道内容,应该保持一种相对冷静的心态,管理好社会行动者自己的心理能量,因为在新闻与宣传难辨的背景下,社会行动者很难知晓事情的真相,管理不好自己的能量,便会被别人牵着鼻子走,成为他人宣传的工具。例如,在案例"河南大学生掏鸟窝被判 10 年半"事件中,我们可以看到,有些网友的能量管理做得并不到位,仅仅只是根据媒体的报道,没有经过自己的批判性思考,就贸然宣泄自己的情绪或能量,这反映出在媒介化社会时代,社会行动者管理自身能量的必要性。

前述,我们探讨了社会能量的物理、生理、心理、关系等物质态,同时尤为指出了社会能量的符号态,或者说符号能量,指出了社会能量是可以被表现的,诸如表现在身体、情绪或情感等方面。在现实生活中,人们在交往中总是希望塑造自身美好的形象从而能给对方留下美好的印象。由此,本书进而认为社会行动者的形象其实反映了其社会能量或充盈、或不足等状态。因此,本章探讨社会能量的管理,笔者也着重探讨在信息传播技术的介入下,社会行动者对形象的整饰,从而对社会能量进行管理。

例如,在直播中,"水泥西施"会有意无意地告诉网友她人生的艰辛以博取网民的同情。网友在看了她的直播之后,起初信以为真,因而经常在直播平台上打赏奖励她,希望能够帮助到这位妇女。但是后来有细心的网友拆穿了"水泥西施"的本来面目,原来这是"水泥西施"在做的形象管理。这一切的背后其实都是一种营销。她本人是一个网红,拥有自己的团队等,而不是无权无势的水泥工。① 公共关系活动,便是企业努力构建自身良好形象所做出的各种努力。尤其是危机公关,更是凸显了企业公司在危机时刻塑造自身良好形象的努力。

印象管理被定义为"人们在互动中的一种有意识或无意识影响形象的尝试"②。社会心理学中的"首因效应"指出在社会生活中,社会行动者给他人留下的第一印象的重要性。戈夫曼指出,社会行动者需要向他人展示自己,以求被他人认可和接纳,且人们往往根据其看待自己的方式,或者希望他人看待自己的方式,选择佩戴怎样的面具、扮演怎样的角色。他们通过复杂的自我协商过程,构建出自己需要的印象,并通过持续的一致性和补足性行为来维持。因此,在某种程度上,印象管理便可被视为社会能量能"力"的管理。

在朋友圈等修图、装饰等,其实质上是社会行动者社会能量的自我管理。只不过,存在着一个是否过度的问题。"伪精致"的流行就是一个很好的修饰过度的案例。"伪精致"一词近来日益流行起来,从社会文化角度而言,其代表了一种文化现象。这一概念往往指的是那种在朋友圈中等社交媒体上看起来生活光鲜、生活精致的那类人。就"伪精致"所展现的生活方式而言,可能并不自今日始。其背后的社会心理往往与虚荣、伪饰形象有关。但是在社交媒体渗透进日常生活的当下,"伪精致"有了更鲜明的展示空间和平台。如果从本书的"社会能量"视角观之,"伪精致"则往往意味着这一群体试图通过对"生活"的线上包装,修饰自身的社会能量,以掩盖本身社会能量不足的尴尬,并将此作为拓展自身社会关系能量的桥梁,同时,在

---

① 《还记得那个靠卖惨红极一时的"水泥西施"吗? 真实身份终被拆穿》,百度网,https://mbd. baidu. com/newspage/data/landingshare? pageType = 1&isBdboxFrom = 1&context = %7B%22nid%22%3A%22news_9208070769010437961%22%2C%22sourceFrom%22%3A%22bjh%22%7D。

② 黄含韵:《中国青少年社交媒体使用与沉迷现状:亲和动机、印象管理与社会资本》,《新闻与传播研究》,2015 年第 10 期。

他人的点赞和评论中，收获心理能量。

正如前述，社会行动者的在线印象管理便是社会能量的管理。社会行动者在这种基于信息传播技术的社会表演中，运用图片、文字、视频等手段管理自身社会能量的表征。这种自我形象的建构过程便是社会行动者社会能量的管理过程。

朋友圈中所发布的照片、微视频等，尤其是照片，往往是经过美化和修饰的，旨在向"朋友们"传递出自己能力充盈的感觉。岁月的痕迹会记录在社会行动者的脸、身材、眼睛等方面，经历坎坷与生活顺遂的社会行动者，往往在身体上的表现也是有差异的。我们能够结合这些方面对社会行动者的生活境遇进行初步判断，这其实也是能量社会性的一种表现。在线下的面对面互动中，社会行动者虽然也会精心打扮一番，往往意图给对方留下较好印象，凸显自己生活的良好一面，但是毕竟效果比较有限。在线上而言，情况多有特殊，鉴于前述信息传播技术特性，社会行动者享有照片发布的权力，社会行动者通过修饰图片照片，甚至会刻意去修改朋友圈定位来装点自己的社交平台的门面，意图给他人留下能量状态较好的感知印象。

例如，伪晒、伪仪式与伪真相是青年"伪精致"的三个主要特征，这三个主要特征又分别对应着视觉包装的虚呈性、虚演性和虚饰性。"伪精致"青年一般通过图片、视频、场景、情境的加工与上传来达成"晒"的目的。"伪精致"青年通过自我摆拍、自我扮饰来进行社会行动者意识的强化和社交形象的建构，对于"伪精致"青年而言，人脉维系的重要性在于可以使自己免遭圈层排斥。"伪精致"青年必须融入城市生活、朋友圈和亚群体中去，才能有安身立命的心理寄托和生活依靠。① 使得自己看起来与对方的要求在能量上

① 敖成兵：《"伪精致"青年的视觉包装、伪饰缘由及隐形焦虑》，《中国青年研究》，2020 年第6 期。

相匹配。

二、信息传播技术、规训与社会能量的他人管理

群体文化,包括组织文化对社会行动者社会能量的管理,例如家庭对家庭成员的管理,尤其是父母对子女在家长制下的社会能量管理,这其实也是一种文化的力量,一种规训。从企业层面而言,这涉及企业管理文化。据悉,重庆理工大学针对新生实行"一日学习生活作息制度","一日学习生活作息制度"从每天学生早自习、课堂出勤、课堂学风、校园文明礼仪,到晚自习、归寝、断网、熄灯等共 15 个规范组成。① 这种涉及能量管理的作息制度改革往往受到社会文化因素的影响。例如,法国曾于 2013 年准备推行一项有关小学作息时间的改革,但是后来遭遇抗议者示威,要求政府对这一新的时间管理制度进行改革。②

(一)作为工具的信息传播技术、规训与社会能量的他人管理

1. 信息传播技术自身、规训与社会能量的他人管理

我们在前述信息传播技术与社会能量的吸附中,已经介绍了某些企业将信息传播技术作为某种工具作为社会能量吸附的工具。这从另外一个角度来看,也可以看作社会能量的他人管理。

据媒体报道,亚马逊的一款基于人工智能的可穿戴设备可以使员工保持社交距离,当员工离得太近时,设备会亮起并发出声音警报。③

---

① 《重庆理工大学针对新生实行"一日学习生活作息制度"》,中国教育在线,https://www.eol.cn/chongqing/chongqingnews/201611/t20161118_1469109.shtml。

② 谭利娅:《法国小学教师罢课反对作息制度改革 巴黎成主力》,环球网,https://world.huanqiu.com/article/9CaKrnJDaLW。

③ 《亚马逊发布 AI 跟踪系统,监督员工能否保持社交距离》,腾讯网,https://mp.weixin.qq.com/s/ITWmKPAgpGIDYYU_sn3cqw。

信息传播技术与社会能量

在上述案例中,信息传播技术作为工具主要是以技术自身或者说技术设备的角色出现的,我们还可以从信息传播技术内容的角度来探讨社会能量的他人管理。

2. 信息传播技术内容、规训与社会能量的他人管理

格林布哈特认为"社会能量"是一切历史变迁和文化发展的推动力量。他着重强调了"社会能量"修辞学而非物理的学意义,他指出:

> 这个术语包含可测量的东西,但又无法提供一个便捷可靠的公式来离析出单一固定的量化指标。人们只能从社会能量的效果中间接识别它:它出现在词语的、听觉的和视觉的特定踪迹之力量中,能够产生、塑造和组织集体的身心经验。①

由此可见,格林布哈特正确指出了社会能量包含可测量的东西,同时也指出了文字、声音、视觉等不同符号能量能够引起不同的身心体验。因而人们能够通过对文字等符号能量载体的管理,进而管理社会能量。正如格林布哈特所指出的,

> 借助并通过舞台而流通的社会能量并非是单一连贯的整体系统,而是局部的、零碎的和冲突的。各种要素交叠、分离和重组,相互对立。特定的社会实践被舞台放大,另外的则被缩小、提升和疏散。②

即借助文字等符号能够将特定的社会实践放大,将另外的社会实践缩

---

①② 张进:《社会能量叙事与环境美学方法论》,《兰州大学学报(社会科学版)》,2006 年第7 期。

小、提升和疏散,起到社会能量管理的效果。同样,不仅是在文学艺术作品中,在新闻作品也存在类似的社会能量管理现象。这是一种对作为文本/话语的社会符号能量的管理。

新闻修饰包括两个层面:整体层面,这是从社会整体而言,例如,国内强调以正面报道为主,这实质上也是一种新闻话语的宏观修饰,确保新闻正能量;具体到一篇而言,内容往往强调的是正能量的东西,将这两个层面的新闻能量修饰汇聚到一起,反而夸大了社会能量。例如,在传统的典型人物报道中,典型人物的传播效果,或者说典型人物的能量传递是否成功,一直都是一个颇有争议的论题。传统典型人物报道,往往存在拔高典型人物能量的问题,使得在能量传递过程中其实客观存在着梗阻不畅的问题。能量修饰过度,往往过犹不及,甚至成为虚假新闻。

再如,对新闻中暴力的报道,涉及对社会能量的管理,即如何报道社会暴力,从新闻内容这个角度涉及社会能量的调节。学术界尤其是传播效果研究对电视中的暴力场景进行了研究,进而提出了培养理论或"涵化"理论,即对于那些经常收看电视的人而言,电视能够培养他们的社会观。通过媒体对现实暴力的报道,尤其是一些媒体对暴力的嗜血性的报道,更是可能增加了人们对现实中引发暴力或能量宣泄的恐慌。因此,国内外的一些媒体管理规定,都将渲染暴力列为禁载内容。

在此,我们需要注意的是信息传播技术,例如信息传播技术中的智能推荐技术,对新闻用户点击某类暴力报道的多次推荐,这种多次推荐其实也是涉及社会能量的管理问题。如下述案例所示。

案例:《英国〈卫报〉讲述了一个人是如何受到智能算法推荐影响的》

洛根·保罗曾偶然发现了一个挂在树上的死人。一开始刚刚22岁的他显然被吓到了，不过，随后保罗将这个场景拍了下来，传到了 You-Tube 上。他的 YouTube 频道有 1600 万名青少年用户订阅，24 小时后，他在激烈的反对声中将视频删除。在这段时间内，视频获得了 600 万的点击量，并且在 YouTube 上令人垂涎的热门视频排行榜上占据了一席之地。第二天，我在 YouTube 上看了这个视频的"复制"版。然后我点击视频播放器右侧展示的推荐视频缩略图，这种默认情况下自动播放的方式，是为了引诱我们在 Google 的视频广播平台上花更多的时间。我很好奇他们会把我引向何方，答案是一系列关于男人嘲笑洛根·保罗青少年粉丝的视频，接着是闭路电视监控系统里孩子们偷东西的镜头，几段视频之后，是孩子们用奇怪的自制的小玩意儿拔掉牙齿的视频。我清除了我的历史记录，并删除了我的 cookie，打开了一个私人浏览器，以确保 YouTube 不会针对我进行个性化推荐。然后，它们的算法就带我走上了它的意志之旅。最后的一个视频是两个男孩，大约五六岁，互相拳打脚踢。①

这种对社会能量宣泄的呈现，或者说符号能量，根据用户偏好进行了管理，但是是存在问题的，容易导致用户的回音室效应等。

上述，我们主要是从作为工具的信息传播技术角度，从技术自身和内容两个层面探讨了社会能量的他人管理现象。下面，我们将从作为生态/环境的信息传播技术，来探讨社会能量的他人管理。

（二）作为生态/环境的信息传播技术、规训与社会能量的他人管理

福柯在《规训与惩罚》中提出了"全景敞视主义"概念。福柯认为现代社

---

① 《反思 Youtube 算法：个性化内容推荐能毁掉你的人格》，百度网，https://baijiahao.baidu.com/s？id=1592082597405313478&wfr=spider&for=pc。

会是一个从心灵到肉体的对人的规训过程,全景敞视监狱正是这种规训机器。而人工智能技术的应用更是方便了对社会场所的监视。

可以说,这种监视或监控便涉及对社会行动者社会能量的规训和管理,如果过度,便会进而引发一些社会负面后果。对此,一些国家和地区也相继采取一些应对措施,避免过度规训对社会行动者个体权利的伤害。比如自从2016年开始,以法国、西班牙和意大利为首的西欧国家已经逐渐在各自国内法律中明确了"保持断联权"。因为"工作生活分不开"具有很多危害性,包括有可能会给员工带来严重的心理危机如焦虑、抑郁等。据媒体报道,国内有些地方也在尝试发布减负通知,出台"一个企事业单位只能建一个微信群""非工作时间不发布工作信息""因专项工作组建的微信群在结束工作后应及时解散"等规定。但就目前的职场环境而言,相关规定落地执行具有一定的困难性。① 这种现象说明了技术在应用中所受到的来自社会环境的影响,使用的规则受到公司、公司负责人、群体其他人等方面的影响。

很多网络化组织对工作场所的设计更倾向开放、流动的空间安排以有助于互动。例如,谷歌倾向于小型的、专注的、短期的工作团队,不断重组和调整方向。谷歌员工在谷歌村中工作——这是一个类似校园的环境,鼓励互动和讨论,包括提供免费午餐、游戏室以及小型的共享的办公室(取代了小隔间)。谷歌村的公共空间胜过传统的游泳池边或复印机旁的偶遇,促进网络化的个人之间的偶遇和接触。②

总之,无论是能量的吸收、能量的释放,还是能量的转化、能量的管理,经过这些过程之后,社会能量终归是要指向正常秩序的。能量过高,或者能量不足,对社会行动者而言,都不是一种"好"的状态,因为多余的能量需要

---

① 陈香香:《比996更可怕的,是微信里的007》,腾讯网,https://mp. weixin. qq. com/s/LNxXz-PFEvGMk44eI8dj12w。

② 郭力:《谷歌公司的创新文化》,《企业改革与管理》,2013年第5期。

宣泄,找到释放的出口;不足的能量会给社会行动者带来负面的身心影响。因此,能量作为一种新的社会解释框架,最终指向的还是"正常"的或者常态化的社会秩序状态。

"秩序"一词中的"秩"和"序"在汉语中都含有"次序""常规"的含义。就一般意义而言,"秩序"指的是一种规则性和条理性,这种规则性、条理性在自然和社会现象及其发展变化中是常见的。从哈耶克的界定中,我们能够读出"秩序"所蕴含的条理性、可预见性等。

社会活动本身需要秩序,这是一种较为宏观的社会秩序,同时,社会行动者对秩序也有着自身的理解,而这种理解是多样的多元的,这是一种微观层面的社会秩序。秩序有自发秩序和建构秩序之别。建构秩序,是"从它所包含的各要素之间的行为的相互协调中产生的"①。哈耶克强调的是社会整体秩序的产生方式是"自我协调""自我组织"。因此,在哈耶克的理解中,社会秩序应该是社会主体联合构建的一个过程和结果。

社会秩序不能仅仅理解为一种外设的秩序,一种来自某种外在的力量为社会行动者通过文本的方式规训的社会秩序。这种对社会秩序的理解只是社会管理者的需要,并没有考虑到社会行动者的意愿,从而导致这种外在的、外设的社会秩序在实践中可能无法得到社会行动者的有效认同。由此,对于社会管理者而言,只能通过强制性的力量迫其遵从,从而直接或间接地增加了社会管理的成本。对于社会能量的管理亦是如此。

"秩序"常被理解为静态的秩序。秩序也是有活力的,并不是一成不变的,只有如此,社会方能创新与发展。秩序可以被看作是一条线,但并非是静态的直线,而是一条不断波动的线,正是在不断的冲突与沟通中,整体秩

---

① [英]哈耶克:《经济、科学与政治——哈耶克思想精粹》,冯克利译,江苏人民出版社,2000年,第361~362页。

序得以维持,推动着向前的发展。而有的人却常常将"秩序"与稳定等同,将其狭隘地理解为静态的秩序。这种对秩序的理解不可避免地存在着片面性,即虽然强调了秩序中重稳定的一面,但是也忽视了秩序中动态的一面。这种对秩序的理解容易僵化思维,使工作失却了活力和动力。

在本书中,我们主要探讨的是信息传播技术与社会能量的关联。正如本书中一再指出的,数字化的发展给社会行动者的社会能量带来了影响。新一代信息传播技术的发展,或者说数字技术的发展,给人们赋予了技术的能量。在数字化时代,信息传播技术能够给社会行动者在能量的吸收赋能、释放、活化、交换、管理等层面带来新的变化。例如,在媒体所报道的"彭小英和丈夫范得多的故事"中,虽然没有用到"能量"字眼,但是我们能够看到能量的存在,丈夫范得多出了车祸,导致心理后遗症,这是生理能量和心理能量的受损,妻子彭小英为此承受了太多家庭和社会压力,由此导致身体出现症状,这是社会关系能量对生理能量的影响。后来,妻子彭小英跳舞解压,也带动丈夫一起。"跳舞之后,范得多身体情况越来越好,不再紧张焦虑,人也变得爱说爱笑。"生理能量和心理能量得到了恢复。此外,通过社交媒体平台,他们收获了很多粉丝,这是他们社会关系能量的表现。

此外,再如,AI 的发展给能量的智能化管理带来了新的挑战,例如,

抱着试一试的态度,我下载了某利说 App 用来学习英语。一打开就是大大的一个推荐:"人工智能为你规划个性化学习",在我回答了当前知识储备量、每日学习时间、最终目标等一系列问题后,系统自动为我制定了学习计划,还提供了一些适合我的课本与课程来选择。对于我这种"懒癌患者"来说,这无疑是巨大的惊喜,不需要自己规划,一个完美的学习计划就出现了。我一步步跟着它学习,越来越感受到了智能学习的好处。

问题出现在一段时间后。我发现我似乎越来越依赖于人工智能来为我制定各科学习计划，从数学到英语，这让我渐渐丢弃了高中养成的自制学习计划的习惯。人工智能制定的计划虽好但还是不能与我自己的真实情况完美的对应，比如有一些知识点我就无法进行复习，还是需要依靠自己亲力亲为、查缺补漏。①

前文基于新闻案例和自述者自述材料用了大量篇幅阐述了信息传播技术与社会能量的关系，可以说笔者在此完成了理论框架的搭建和阐释。但是需要指出的是，"要认识真理必须进行实验。没有经验，任何东西都不可能充分被认识。因为获得认识有两种方法，即通过推理和通过经验。推理作出一个结论，并使我们承认这个结论，但并没有使这个结论确实可靠。它也没有消除怀疑，使心灵可以安于对真理的直观，除非心灵通过经验的方法发现了它；人们对于能被认识的东西有许多论证，但是因为他们缺乏经验，便忽视这些论证，因此既不知道避害也不知道就利。所以只有推理是不够的，还要有经验才充分"②。因此，一种理论若想获得任何意义，仅仅为图书馆增添一些论文和藏书是不够的，它必须对话性地植根于社会实践。对于我而言，这意味着本书的最终目的不仅仅是"心理的改变"，更应该是"行动的变革"。③

此外，正如前述，能量在物理学中，物理能量指的是物质做功的能力。那么从社会学角度观之，社会能量指的便是社会行动者充分利用所拥有的资源去做事情的能力。因此，对于社会而言，需要通过各种政策和社会措

---

① 王嘉仪：《警惕过度依赖 AI》，课程作业，北京邮电大学，2020 年。
② 北京大学哲学系外国哲学史教研室：《西方哲学原著选读》（上册），商务印书馆，2002 年，第 287 页。
③ ［美］肯尼思·J. 格根：《关系性存在：超越自我与共同体》，杨莉萍译，上海教育出版社，2017 年，"中文版前言"第 2 页。

施,保障和提升社会成员的社会能量,即社会行动者所拥有的做事情所需的资源以及做事情的能力,使得社会行动者能够更自如地适应社会,改善自己的生活,使得生活的世界变得更加美好,尤其是在基于信息传播技术而构建的数字社会中。

参考文献

一、著作

1. [丹麦]施蒂格·夏瓦:《文化与社会的媒介化》,刘君等译,复旦大学出版社,2018年。

2. [德]安斯加·纽宁、维拉·纽宁主编:《文化学研究导论:理论基础方法思路研究视角》,闵志荣译,南京大学出版社,2018年。

3. [德]齐美尔:《社会是如何可能的》,林荣远编译,广西师范大学出版社,2002年。

4. [法]德日进:《人的能量》,许泽民译,贵州人民出版社,2018年。

5. [法]古斯塔夫·勒庞:《乌合之众:大众心理研究》,冯克利译,中央编译出版社,2004年。

6. [法]马塞尔·莫斯:《礼物:古式社会中交换的形式与理由》,汲喆译,上海世纪出版集团,2005年。

7. [法]让·凯勒阿尔等:《家庭微观社会学》,顾西兰译,商务印书馆,

1998 年。

8. [法]让·鲍德里亚:《象征交换与死亡》,车槿山译,译林出版社,
2008 年。

9. [法]塞奇·莫斯科维奇:《群氓的时代》,许列民、薛丹云、李继红译,
江苏人民出版社,2003 年。

10. [加拿大]查尔斯·泰勒:《现代社会想象》,林曼红译,译林出版社,
2014 年。

11. [加拿大]凯瑟琳·麦克切尔、文森特·莫斯可:《信息社会的知识劳
工》,曹晋等译,译文出版社,2014 年。

12. [美]C. 赖特·米尔斯:《社会学的想像力》,陈强、张永强译,生活·
读书·新知三联书店,2001 年。

13. [美]埃利奥特·阿伦森:《社会性动物》,郑日昌等译,新华出版社,
2002 年。

14. [美]爱德华·霍尔:《超越文化》,何道宽译,北京大学出版社,
2010 年。

15. [美]保罗·诺克斯、史蒂文·平奇:《城市社会地理学导论》,柴彦
威、张景秋译,商务印书馆,2005 年。

16. [美]戴维·格伦斯基:《社会分层》,王俊译,华夏出版社,2005 年。

17. [美]亨利·欧内斯特·西格里斯特:《疾病的文化史》,秦传安译,中
央编译出版社,2009 年。

18. [美]肯尼思·J. 格根:《关系性存在:超越自我与共同体》,杨莉萍
译,上海教育出版社,2017 年。

19. [美]莱斯莉·A. 巴克斯特、唐·O. 布雷恩韦特:《人际传播:多元视
角之下》,殷晓蓉等译,上海译文出版社,2010 年。

20. [美]李·雷尼、巴里·威尔曼:《超越孤独:移动互联网时代的生存

之道》,杨伯溆、高崇等译,中国传媒大学出版社,2015 年。

21.［美］理查德·格里格、菲利普·津巴多:《心理学与生活》,王磊、王甦等译,人民邮电出版社,2003 年。

22.［美］罗伯特·汉:《疾病与治疗:人类学怎么看》,禾木译,东方出版社,2010 年。

23.［美］马克·D. 雅各布斯、南希·韦斯·汉拉恩:《文化社会学指南》,南京大学出版社,2012 年。

24.［美］马歇尔·卢森堡:《非暴力沟通》,阮胤华译,华夏出版社,2009 年。

25.［美］玛丽·K. 斯温格尔:《劫持:手机、电脑、游戏和社交媒体如何改变我们的大脑、行为与进化》,邓思渊译,中信出版社,2018 年。

26.［美］诺曼·厄普霍夫等:《成功之源——对第三世界国家农村发展经验的总结》,江立华等译,广东人民出版社,2006 年。

27.［美］欧文·戈夫曼:《日常生活中的自我呈现》,冯钢译,北京大学出版社,2008 年。

28.［美］乔恩·威特:《包罗万象的社会学》,王建民等译,人民邮电出版社,2014 年。

29.［美］乔尔·查农:《社会学与十个大问题》,汪丽华译,北京大学出版社,2009 年。

30.［美］约翰·费斯克等:《关键概念:传播与文化研究辞典》,李彬译注,新华出版社,2004 年。

31.［美］约翰·普利亚诺:《机器人来了:人工智能时代的人类生存法则》,胡泳、杨莉萍等译,文化发展出版社,2018 年。

32.［美］詹姆斯·亨德勒、爱丽丝·M. 穆维西尔:《社会机器:即将到来的人工智能、社会网络与人类的碰撞》,王晓、王帅、王佼译,机械工业出版社,2017年。

33.[意]皮耶尔·保罗·多纳蒂:《关系社会学:社会科学研究的新范式》,刘军、朱晓文译,上海人民出版社,2018年。

34.[印度]阿比吉特·班纳吉、[法]埃斯特·迪弗洛:《贫穷的本质》,景芳译,中信出版社,2013年。

35.[英]安东尼·吉登斯:《社会的构成:结构化理论纲要》,李康、李猛译,中国人民大学出版社,2016年。

36.[英]奥利维娅·莱恩:《孤独的城市》,杨懿晶译,北京联合出版公司,2017年。

37.[英]彼得·伯克:《历史学与社会理论》,李康译,上海人民出版社,2019年。

38.[英]范达娜·德赛、罗伯特·B.伯特:《发展研究指南》,杨先明、刘岩译,商务印书馆,2014年。

39.[英]菲利普·史密斯:《文化理论——导论》,张鲲译,商务印书馆,2008年。

40.[英]莱恩·多亚尔、伊恩·高夫:《人的需要理论》,汪淳波、张宝莹译,商务印书馆,2008年。

41.[英]雷蒙·威廉斯:《关键词:文化与社会的词汇》,刘建基译,生活·读书·新知三联书店,2005年。

42.[英]迈克尔·E.罗洛夫:《人际传播社会交换论》,王江龙译,上海译文出版社,1997年。

43.[英]齐格蒙特·鲍曼:《流动的恐惧》,徐朝友译,江苏人民出版社,2012年。

44.[英]齐格蒙特·鲍曼:《流动的现代性》,欧阳景根译,上海三联书店,2002年。

45. [英]文森特·米勒:《数字文化精粹》,晏青、江凌、姚志文编译,清华大学出版社,2017年。

46. [英]伊恩·伯基特:《社会性自我:自我与社会面面观》,李康译,北京大学出版社,2012年。

47. 北京大学哲学系外国哲学史教研室编:《西方哲学原著选读》(上册),商务印书馆,2002年。

48. 车文博:《人本主义心理学》,浙江教育出版社,2003年。

49. 杜维明:《对话与创新》,广西师范大学出版社,2005年。

50. 高崇:《超越血缘:礼村冲突沟通中的"怕"》,中国农业大学出版社,2016年。

51. 高崇:《人工智能社会学》,北京邮电大学出版社,2020年。

52. 高宣扬:《当代社会理论》,中国人民大学出版社,2017年。

53. 李惠斌:《社会资本与社会发展》,社会科学文献出版社,2000年。

54. 李小云主编:《普通发展学》,社会科学文献出版社,2005年。

55. 乔乔:《家庭简史》,时代文艺出版社,2004年。

56. 时蓉华:《社会心理学》,浙江教育出版社,1998年。

57. 文军:《西方社会学理论当代转向》,北京大学出版社,2017年。

58. 阎云翔:《礼物的流动:一个中国村庄中的互惠原则与社会网络》,上海人民出版社,2000年。

59. 杨善华、谢立中主编:《西方社会学理论》(下卷),北京大学出版社,2006年。

60. 赵敦华:《现代西方哲学新编》,北京大学出版社,2001年。

二、期刊论文

1.［丹］迈克尔·赫维德·雅各布森、王静:《社会学视域下的生命有限性及同命性——齐格蒙特·鲍曼谈死亡、濒死和不朽》,《学术交流》,2017年第6期。

2.［美］J. H. 斯图尔德、王庆仁:《文化环境学的概念和方法》,《世界民族》,1988年第6期。

3.敖成兵:《"伪精致"青年的视觉包装、伪饰缘由及隐形焦虑》,《中国青年研究》,2020年第6期。

4.曹成双:《当死亡成为一种选择——现代科技发展下的伦理反思纲要》,《阴山学刊》,2019年第8期。

5.樊佩佩:《从传播技术到生产工具的演变—— 一项有关中低收入群体手机使用的社会学研究》,《新闻与传播研究》,2010年第1期。

6.凤帅临:《体育运动中的心理能量与控制》,《安徽体育科技》,2000年第4期。

7.高崇、李敏:《论社交媒体交往的特征及教育意义》,《青年记者》,2014年第13期。

8.高崇、李敏:《做生意和做朋友:"大学生微商"在互联网经济中的关系变迁》,《新闻界》,2016年第6期。

9.高崇、王德海:《公平视域下边缘农民社区参与水平低下的思考》,《农业部管理干部学院学报》,2010年第1期。

10.高崇等:《新媒体语境下转型社区农村青年的代际交往》,《中国青年政治学院学报》,2012年第2期。

11.高崇等:《新时期农村社区的非正式群体探讨——基于国家与社会

的关系视角》,《安徽农业科学》,2010 年第 38 期。

12. 高崇、杨伯溆:《基于兴趣的社会交往:同乡社会网络内的交往逻辑——基于"SZ 人在北京"QQ 群组的虚拟民族志研究》,《北大新闻与传播评论》(集刊),2013 年 12 月刊。

13. 高崇、杨伯溆:《微视频的内容主题发展趋势分析——基于对新浪微博官方短视频应用"秒拍"上高转发微视频的研究》,《新闻界》,2016 年第 12 期。

14. 黄海、周春燕、余莉:《大学生手机依赖与心理健康的关系》,《中国学校卫生》,2013 年第 9 期。

15. 黄含韵:《中国青少年社交媒体使用与沉迷现状:亲和动机、印象管理与社会资本》,《新闻与传播研究》,2015 年第 10 期。

16. 黄志洵:《负能量研究:内容、方法和意义》,《前沿科学(季刊)》,2013 年第 4 期。

17. 贾悦:《国外手机依赖研究综述》,《北京邮电大学学报(社会科学版)》,2015 年第 6 期。

18. 姜淑珍、杜阳:《大学生手机上瘾与家庭教养方式:问题、影响及对策》,《当代教育实践与教学研究》,2019 年第 10 期。

19. 蒋影明:《能量社会学:在元理论阵地的登陆》,《学海》,1996 年第 4 期。

20. 李力明:《消除贫困的一个重要环节:精神扶贫》,《学习导报》,1999 年第 3 期。

21. 李琳:《"社会能量"的"流通"、"交换"与"协商":格林布拉特的新历史主义文艺观新探》,《山东外语教学》,2015 年第 2 期。

22. 刘立新:《社会行动者心理能量结构及其与心理健康关系的理论探讨》,《北京教育》,2018 年第 4 期。

23. 刘璐璐:《数字经济时代的数字劳动与数据资本化——以马克思的资本逻辑为线索》,《东北大学学报(社会科学版)》,2019 年第 4 期。

24. 王云飞:《宇宙负能量的存在及作用》,《石家庄职业技术学院学报》,2006 年第 4 期。

25. 隗晶林、王希华:《成人亲密关系质量的影响因素研究综述》,《漳州师范学院学报(哲学社会科学版)》,2012 年第 2 期。

26. 吴飞:《"空间实践"与诗意的抵抗——解读米歇尔·德塞图的日常生活实践理论》,《社会学研究》,2009 年第 2 期。

27. 萧子扬:《社会心理学视野下的网络青年"丧文化"研究》,《青少年学刊》,2017 年第 3 期。

28. 谢春芳:《当代青年"丧文化"的透视与引导》,《山东青年政治学院学报》,2018 年第 4 期。

29. 颜刚威:《游戏成瘾的现状研究》,《柳州职业技术学院学报》,2019 年第 6 期。

30. 杨桂华:《社会能量的特点、功能和意义》,《哲学研究》,2015 年第 4 期。

31. 易丽平:《新媒体环境下受众媒介依赖的原因探析》,《今传媒》,2011 年第 19 期。

32. 张爱军:《校园暴力的三维透视》,《中国青年研究》,2016 年第 1 期。

33. 张进:《社会能量叙事与环境美学方法论》,《兰州大学学报(社会科学版)》,2006 年第 7 期。

34. 赵恒、程志华:《田径运动员心理能量与运动性疲劳的相关性研究》,《体育科技文献通报》,2008 年第 9 期。

35. 周师、黄锦:《开发社会能量是中国民主政治建设的有效途径》,《云南行政学院学报》,2006 年第 3 期。

36. 周文华:《从社会文化的角度看脑死亡》,《医学与哲学(人文社会医学版)》,2009 年第 6 期。

37. 周懿瑾、魏佳纯:《"点赞"还是"评论"？社交媒体使用行为对个人社会资本的影响》,《新闻大学》,2016 年第 1 期。

38. 周长城、陈云:《贫困:一种社会资本视野的解释》,《学海》,2003 年第 2 期。

39. 朱勇:《大学生性心理能量的转化》,《黄山高等专科学校学报》,2000 年第 5 期。

三、其他文献

1. 陈甜甜:《新媒体语境下游戏从业者的非物质劳动研究》,北京邮电大学硕士研究生学位论文,2018 年。

2. 黄夏燕:《与死神共舞:癌症晚期患者死亡认知的过程研究——以长腿叔叔的生命故事为例》,华东理工大学硕士研究生学位论文,2015 年。

3. 闫宏微:《大学生网络游戏成瘾问题研究》,南京理工大学博士研究生学位论文,2013 年。

4. 晏双平:《大学生心理能量问卷的编制与实测》,西南大学硕士研究生学位论文,2011 年。

后 记

　　书稿虽告一段落,但思考仍在继续……

　　包括信息传播技术在内的数字技术的弥散性,已然重塑了人们周遭的环境。这是一种数字环境,已经成为人与环境互动的新界面。在作为地点、场所、空间的数字环境下,人们有着不同的行为、不同的际遇、不同的"命运"。那么数字环境是如何影响人们的行为及"命运"呢?

　　一方面,就某个社会行动者而言,在数字技术的召唤下,其结合自身的使用需求使用数字技术,从而导致自身社会能量的变化进而影响其在数字环境下的行为及"命运"。

　　另一方面,拉图尔认为,"社会的本质在于联系"①。在数字技术的召唤下,社会行动者使用数字技术,但是不同的社会行动者因为对数字技术应用的不同,适应数字环境的程度不同,因而导致在这种数字生态系统下社会能量在不同的社会行动者之间的流动,不同的社会行动者之间可能会出现"寄

---

　　① 吴莹、卢雨霞、陈家建、王一鸽:《跟随行动者重组社会——读拉图尔的〈重组社会:行动者网络理论〉》,《社会学研究》,2008 年第 2 期。

生关系"或"偏利共生关系",从而导致某一个社会行动者社会能量失衡,进而会影响其在数字环境下的行为及"命运"。

由此,我们可以看到,无论上述哪种情况,社会能量都构成了数字环境影响社会行动者行为及"命运"的机制中的重要要素。由此,这也凸显了社会能量研究的必要性和重要性。吉登斯认为:"如果观念确实具有重大的启迪,那么,更重要的任务不是穷究它们的根源,而是进一步磨砺这些观念,展示它广泛的用途,哪怕所应用的框架可能迥异于原先孕育它们的那种。"①基于此,笔者在本书有关社会能量以及信息传播技术与社会能量关系的研究基础上,将继续探讨数字环境对社会行动者行为及"命运"的影响。

是为后记,亦为预告。

高崇

2022 年 4 月 24 日

于京西定慧寺

---

① ［英］安东尼·吉登斯:《社会的构成:结构化理论纲要》,李康、李猛译,中国人民大学出版社,2016 年,第 10 页。